ジャン＝ガブリエル・コース　Jean-Gabriel Causse
吉田良子 訳

色の力

消費行動から性的欲求まで、人を動かす色の使い方

L’étonnant pouvoir des COULEURS

CCCメディアハウス

色の力

消費行動から性的欲求まで、人を動かす色の使い方

【目次】

第1章
色を理解する　15

第2章 色の与える影響 57

第3章　色を選ぶ　165

付録　世界の地域でそれぞれの色が象徴するもの　229

序文

オリヴィエ・ギィユマン
フランス流行色委員会委員長
インターカラー（国際流行色委員会）委員長

色の持つ力、と言われるが、その力とはどのようなものだろうか？ そして、その力をうまく使うにはどうしたらよいのだろう？

色の作用とは、原則として能動的なものなのか、受動的なものなのか？

我々は意志と好みによって色を選んでいるつもりだが、実は色から影響を受けているのだろうか？

色は我々に生理的もしくは心理的な影響を及ぼしているのか？

我々は、一九五〇年代のSF映画のなかで宇宙人が使っていたような不思議な力によって、色に支配されているのだろうか？

一九九〇年に、私が流行色委員会に入ったときには、このような疑問を抱く者はほとんどいなかった。色にはなんと分類記号もつけられていなかったのだ！　八〇年代に黒が大流行したおかげで、色は押されぎみとなり、九〇年代当時もまだ、モードやデザインや建築を含めて、日々の生活を取り巻くすべての創造的な製品が、無色かくすんだ中間色を選ぶか、極力、色を用いないようにしていたものだ。

もちろん、色は大きな存在感を放っていた。だが、例外はあるものの「時代遅れぎりぎり」だったため、どの分野でも、クリエーターやブランドや企業経営者たちの関心を、まったくといってよいほど惹きつけなくなっていた。

個人的には、私はこの時代に強い思い入れを抱いている。というのは、この頃、色を扱う団体の代表職を引き受けたことで、自分が商業主義を排して、独自の主張をしているように感じていたからだ。とくに興味深かったのは、委員会のメンバーたちとともに、未来を展望する経験や行事を中心とする仕事に携わったこと、そして、それによって、待ち望まれていた、来るべき「色の回帰」に積極的に参加できたことである。

嬉しいことに、二〇〇〇年初頭には色の回帰が確認された。デザイナーや企業経営者たちが、色を重要な創造的手段と見なすようになり、数多いその魅力を認識しはじめたのだ。

今日では、色が多様かつ複雑な存在であること、そして、その力を理解するにあたっては、感情的な側面に対する配慮が不可欠であることが明らかにされている。

ジャン＝ガブリエル・コースは、独自の取り組みによって、この論理的かつ教育的であると同時に、未来につながる創造的なテーマについて、知性に富んだわかりやすい話題を提供してくれている。色の持つ多様性について、ユーモアをまじえながら情熱的に語る本書は、必ずや読者を色の探求に導いてくれるだろう。

３Ｄ映像が人々を驚嘆させているこの時代において、まさに色こそが、開発すべき新次元ではないだろうか？

何よりも、そして同時に締めくくりの言葉として、こう述べよう。色は最も重要なものである。なぜならば未来を実現するからだ……。

母音

アルチュール・ランボー

A《アー》は黒、E《ウー》は白、I《イー》は赤、U《ユー》は緑、O《オー》は青、母音たちよ、
いつかおまえたちの秘められた誕生を語ろう
A《アー》は、耐え難き悪臭のまわりを飛びまわる、
銀蠅《ぎんばえ》たちの毛深く黒いコルセット

陰の湾。E《ウー》は、霧やテントの純白、
誇り高き氷河の槍、白い王たち、散形花序《さんけいかじょ》のそよめき。
I《イー》は、緋色、吐かれた血、怒りにかられた、
あるいは悔悛に酔った美しい唇の笑い。

U《ユー》は、循環、緑の海の崇高なゆらめき、
動物が散らばる放牧場の平和、学識者の広い額に
錬金術が刻んだ小皺《こじわ》の平和。
O《オー》は、奇妙に甲高い響きに満ちた至高のらっぱ、
世界や天使たちがよぎる沈黙、
――おお、オメガよ、あの人の目の紫の光線!

はじめに

あなたがアメリカの大学に通っている学生だと想像してもらいたい。これから、いわゆる「知能テスト」を受けるところだ。解答用紙には、赤いマーカーで大きく受験番号が書かれている。あなたの番号は八七番だ。

気分が高まり、少々緊張しながらも、あなたは、意欲十分でテストに臨もうとしている。開始の合図がなされた。制限時間は二〇分！　あなたは全神経を集中させる。与えられた時間が過ぎるまで、テスト以外のすべてを忘れ去る。一問でも多く解答するには、一秒一秒が貴重であるとわかっているからだ。そしてテスト終了。解答用紙を提出するあなたは、満足感に包まれている。すべての設問に解答することができたのだ。やったぞ！

さて、今度は、同じ大学に通う別の学生になってもらいたい。あなたの解答用紙には、赤ではなく黒いマーカーで受験番号が書かれている。だが、そもそもあなたは受験番号など見てもいない。ほかのことを考えている。このテストは大学の単位には関係しないのだから、プレッシャーなど感じない。むしろゲームをする感覚だ。というのも、母親が言うほど自分の知能指数が高いのかどうか、このテストでわかると思うと、なんとなく楽しみに思われてくるからだ。そして開始の合図があった。設問1を読む。答えは明らかだ。なんだ、ほかの問題もこのレベルならば、ママが満足する結果になるだろう！　設問2はさらに易しく思われた。やはりママの言うとおりだったんだ……。次の問題にとりかかりながら、あなたはついついほくそえむ……。そこでテストが終了した。解答用紙が集められる。もう終わりなのか？　問題はまだ残っているのに。がっかりだ。結果がよくなかったら、ママには内緒にしておこう……。

この調査は二〇〇七年にニューヨーク近くのロチェスター大学で行なわれた。目的は、知能テストに及ぼす赤の影響力を調べることである。赤を受験番号に用いたのは、調査の意図を受験者に気づかれないようにするためだ。研究者たちの関心は、数字につけた色が結果に影響を与えるかどうかに注がれていた。その結果、赤で受験番号が書かれていた受験者は、多くの設問に答えたものの、間違いも多く、成績は平均を下回った。ここから、以下の結論が導かれた。赤はストレスを生みだし、それによって、気づかぬうちに論理的な思考を阻害する。その影響が、知能テストにおける大量の失点という数字に表われたのだ、と［エリオット、メイヤー、モーラーほか、二〇〇七年／S・リヒテンフェルド、M・メイヤー、J・エリオット、R・ペクラン、二〇〇八年］。

本書では、色の与える心理的かつ生理的影響に関する最近の研究を紹介しようと思う。読んでいただければおわかりになるだろうが、こうした研究の結果は、一般にはあまり知られていないが、実に目覚ましいものである。色は、さまざまなものに影響を及ぼす。我々の行動・自信・機嫌・集中力・欲求・スポーツ記録・体力……。そう、体力でさえも色の影響を受けるのだ！

同様に、色がさまざまな分野で、どれだけ我々の行動を変えるかについても、おわかりいただけるだろう。現実的な見地から述べると、これら科学的研究の結果から、求められる目的――服の色、室内装飾の色、オフィスの色、売り場の色、大量消費の製品等々――に応じて、各人がよりふさわしい色を選ぶことが可能になるだろう。

第1章

色を理解する

がっかりさせるかもしれないが、あえて言おう。色というものは存在しない！　より正確に言うならば「色は、人が見ることによってのみ存在する。つまり、純粋に人間の生産物なのだ」。これはミシェル・パストゥローの言葉だ。こう聞かされても、わかりづらく、我々の感覚とは逆のように思えるだろう。だが、安心してもらいたい。科学者たちも〈はっきり理解する〉までには時間をかけている。ようやく意見の一致を見たのは、二〇世紀末になってからだった。つまり、ごく最近というわけだ。

ところで、色――厳密には、色彩として認識されるもの――とは何だろう？　それは、人間の目が知覚する波長である。人間の目は、三八〇ナノメートル〔一ナノメートルは一〇億分の一メートル〕から七八〇ナノメートルの範囲にある波長を感知する。この波長を科学者は光スペクトルと呼ぶ。わかりやすく言うならば、目で見える光のことだ。光は、赤外線やマイクロ波や放射線（光よりも波長が長い）、もしくはX線やUV（紫外線。光よりも波長が短い）と同じ波動現象である。ただし、光以外の波長は我々の目には「見えない」ことが、根本的に異なっている。

我々の目に「見える」光源（電球や太陽やフラット照明やろうそくなど）から発せられた光は、物体に当たると、透過といって一部だけが通過する。これはリバーサルフィルム（ポジフィルム）や、もっと単純にはサングラスの原理だ。そして、透過しなかった一部の、時には全部の光が反射する。この反射した光によって、我々は周囲にあるものを――もちろん、遠くにある月も――見ることができるのだ。

光の反射と聞くと、子供の頃によく遊んだ占いごっこを思い出すだろう。かわいいキンポウゲの花を友達の顎《あご》の下にかざして、もしも黄色の小さな光が顎を照らしたならば、その男の子（女の子かもしれない）はバターが好きなはずだ……。この魔法の世界は、つい最近、研究者たちによって打ち砕かれてしまった。黄色の不思議な光がどうして生まれるのか、その理由が解明されたからだ。キンポウゲの花は黄色に相当する波長を反射するが、花弁が凹面状なので、反射光は、花の上部の小さな範囲に集束することになる［ケンブリッジ大学、二〇一二年］。だから、ちょうど顎の部分に強い光が当たるのだ（もっとも、子供たちがバターを好む理由は説明できないが）。

このように、光とは、電磁波が放射されたのちに透過したか、もしくは反射されたものである。

だが、かのアインシュタインは天才であったため、すべてをもっと複雑に考えた。そして、可視光線は普通の電磁波であるだけではなく、光子《こうし》〔光の粒子〕の束（あるいは光量子）でもあるという仮説――のちに証明された――を打ち立てる。つまり、光はエネルギーの移動でもあると主張したのだ（数字好きの読者のためにつけ加えると、たとえば「紫」の光子は、三エレクトロポイントのエネルギーを持つ）。この説は、二〇一二年にヒッグス粒子〔ピーター・ヒッグスが提唱した素粒子〕の存在が確認されたことにより、さらに信憑性《しんぴょうせい》を高めている。

色に関するこれらの理論が、現代の科学者のあいだで全員の賛同を得たのは、ごく最近のことである。それは、彼らの一部が、偉大なるゲーテ〔一七四九―一八三二。ドイツの作家・政治家〕の説を否定することに消極的だったからだ。あえて言わせていただくと、ヨハン・ヴォルフガング・フォン・ゲーテは、著書『色彩論』により、二〇〇年間にわたって読者を幻惑しつづけた。この二〇〇〇ページに及ぶ大著のなかで、ゲーテは、色には四つの基本色があり、そのうちの二色ずつが対立すると説明している。つまり、青が黄と対立し、赤が緑と対立する（より小さな範囲では、黒と白も対立する）。光の入口にある黄（光にいちばん近い）と、闇に非常によく似ている青（闇にいちばん近い）が両極になり、そのあいだに他のすべての色が順番に並べられている。ゲーテは、同じ光（たとえば靄《もや》を通して見えている光）であっても、背景が白いと黄が主調色となり、黒の場合は青が主調色になることに注目した。多くの画家が『色彩論』に影響を受けたが、なかでも〈光の画家〉と呼ばれるウィリアム・ターナー〔一七七五―一八五一。イギリスの画家〕は、深みのある空や曇った空、赤く染まった空など、独自の色を生み出している。

科学者の多くが、少々ばつが悪そうにこう説明するだろう。ゲーテの色彩論は、相対的に時代遅れだとまでは言わないが、正しい部分はごくわずかだと……。だが、ゲーテのファンをなぐさめるために言っておくが、ニュートンも同じように激しい非難にさらされることになる……。

ニュートンは、「白色光の色は、屈折面から生じたものではなく、入射した白色光のなかに含まれている」ことを最初に理解した人物である。はっきり言えば、ニュートンの説は、プリズムを通して光を分解したデカルトの研究をもとにしている。透明なピラミッド型を照らすと、きれいな虹ができることをご存じだろう（ピンク・フロイドの有名なアルバム『狂気』〔原題：Dark Side of the Moon〕のCDケースを思い出していただきたい）。ニュートンはさらに、こうしてできた虹を、もとの光に戻す実験を行なった。プリズムから出てきた、色のついた光を、レンズを用いて同じ点に収束させたのだ。すると、その焦点で、最初の白色光が確認された。ここから得られたのが「プリズムは色を作り出すのではなく、白色光にすでに含まれている色を分別するにすぎない」という結論である。なんと画期的な発見だろうか！　色は明るさの度合いではなく、光の特性である。それぞれの色が、固有の屈折角を持っているのだ。恐るべきニュートン氏の炯眼《けいがん》と言えよう。

そう、このあとで、リンゴが彼の頭上に落ちたにちがいない。ゲーテを四原色の天才とするならば、ニュートンをなんと呼んだらよいだろう！　アイザック・ニュートン、たった一人で、赤・橙《だいだい》・黄・緑・青・藍《あい》・紫を基本の七色として定義した偉大なる「虹の戦士」！　ところで、どうして七色なのか？　彼の名刺を見ればよい。こう書かれていたはずだ。「サー・アイザック・ニュートン。学者・科学者・神秘主義者・数秘術者……」と。そして聖なる力は七という数字に宿るのだ。

七がつくものを挙げてみよう。天地創造の七日間、七惑星、七音符、白雪姫と七人の小人たち……。だからこそ、ニュートンは藍色を救い上げたのだ。現在では、虹の色は原色六色だけと見なされている。しかも実際には、原色は本質的に三色しか存在しない。だが、それについてはのちほど述べることにしよう。

色の認識

色は三つの要素によって特徴づけられる。その要素とは、色相・明度（もしくは色価）・彩度である。

色相は、特定の波長に反応するスペクトルの色（青・緑・黄・赤・茶など）である。明度は、おおまかに言うならば、白の割合だ。たとえば赤は薄いピンクから濃いボルドー（茶色味の強い赤）まで、青はスカイブルーからマリンブルー（緑色を帯びた濃い青）まで変化する。そして彩度は、灰色の割合に影響される。

より正確を期すると同時に、色彩に関するアインシュタインの業績を取り入れると、目に見える光子のエネルギーが低いほど「赤く」見え、エネルギーが高まるほど紫がかって見える。明度は、光源から放たれた光子の量として理解できる。彩度は、光源からの主たる波長を他の波長と比較した相対振幅である。別の波長と共存することになると、色は「スペクトルにある色」（純色）ではなくなり、彩度が低くなる……。

我々が色を認識するのは、人間の目の網膜に、錐体《すいたい》と呼ばれる三種類の知覚神経があり、それぞれがスペクトルのなかの特定の波長を知覚するからだ。つまり、S錐体（短波長を知覚する）は青を、M錐体（中波長を知覚する）は緑を、L錐体（長波長を知覚する）は赤を認識する。現在では、男性の一〇パーセントと女性の五〇パーセントに、オレンジを認識する第四の光受容体が備わっていると考えられている［ジェムソン、ハイノート、ワッサーマン、二〇〇一年／ビムラー、カークランド、ジェムソン、二〇〇四年］。

これらの人々は、黄と赤とオレンジの微妙な色合いを認識する能力に優れているとされ、この色覚は、「四色型色覚（テトラクロマット）」と呼ばれている（ただし、ほめ言葉のつもりで「きみはテトラクロマットだね」と言うのは遠慮しておいたほうがいいだろう。この色覚についての評価はまだ定まっていないからだ……）。ところで、もしもあなたが女性で、お子さん方が先天性色覚異常であったなら、あなたは幸運にもテトラクロマットである可能性が高いだろう。さらに、あなたが茶色と黄色を好むならば、宝くじを当てたようなものだ。なぜなら、「緑がかった黄色」の色合いを識別する能力が、三色型色覚である一般人の一〇〇倍優れているからである［ガブリエル・ジョーダン、二〇一二年］。

このように、色覚とは、三つの（あるいは四つの）知覚作用が混ざりあって、脳に解読されたものである。ファラオの時代のエジプト人は、目を「色を混ぜあわせるパレット」

だと考えていた。これは正しいとは言えない。色が混じりあう場所は主として後頭部であって、脳の後ろ側にあたるからだ［ウォルシュ、一九九九年］。そう考えると、「私は色を目ではなく、うなじで見る」という言葉も、あながち根拠のないものではないと思われる。

知覚神経の感度は、明度に対応する。たとえば、薄暗がりのなかでは明度が下がるので、感度の低い錐体は色を感知することができなくなる。「夜はすべての猫が灰色に見える」〔暗くなると物の判断がつかなくなるの意味〕と言われるが、眠っているのは我々の錐体なのだ！　だが幸いに、網膜には、錐体のほかに桿状体《かんじょうたい》という視細胞が存在する。この桿状体（数は錐体の一〇倍に及ぶ）は色には反応せず、明暗のみを感知する。さらに、錐体が反応できないほど明度が下がっても、桿状体は十分に活動が可能だ。ただし、錐体はうす暗がりのなかで、青に対して感度は高く、赤に対しては低い。七〇年代の映画撮影では、「アメリカの夜」と呼ばれる技術がよく用いられたが、これは、カメラのレンズの上に青いフィルターをかぶせて、人工的に夜を演出する手法である。

反対に、過剰な光子が、錐体細胞と桿状細胞の両方に同時にぶつかると、まぶしくて目がくらむ。これが色飽和の状態だ。

ゲーテの理論をもう少し進めるならば、脳における色の対比（緑と赤、黄と青、そして黒と白）も考慮しなくてはならない［ゲーゲンフルトナー、キーパー、二〇〇三年］。そうすれば、どうして緑がかった赤色や青味のある黄色が、まったく認識されないかがわかるだろう。同じく明らかにされるのが、色彩の陰性残像についてだ。人間の目は、色を見ると自動的に補色を生成し、その残像を周囲の物体の上に投影する。外科医の手術着が昔から緑色なのは、赤い手術野を見ているせいで生じる残像を和らげるためである。

このほかにも、神経科学の最近の進歩によって、いくつかの疑問に答えが出されている。たとえば、赤と紫は、光スペクトルの両端に位置して、物理的に最も離れているのに、どうして非常によく似た色として認識されるのか？　答えはごく単純だ。大脳皮質のなかで、赤を感知する部分と紫を感知する部分が隣りあっているうえに、両者を隔てる膜が多孔性だからだ……［シェパード、一九九七年／シャオ、ワン、フェルマン、二〇〇三年］。

神経科学者たちは、さらにもう一つ、少々とっぴにも思われる疑問を抱いた。白黒写真を見たとき、色が見えるだろうか、と。

具体例を挙げよう。バナナの白黒写真を見たとき、脳のなかで解読される情報は、灰色と黄色のどちらなのか？　答えを聞いたら驚くだろう。脳は、白黒をカラーに変換しているのだ。白黒写真に写ったバナナとブロッコリーとイチゴは、脳のなかでは、それぞれ黄色と緑とピンクとして受けとめられている［バナート、バーテル、二〇一三年］。

ここで錐体に話を戻そう。錐体は有利な条件を数多く備えている。まず、丈夫で、ほとんど狂うことがなく、生後六カ月の時点で完全に形成される。それ以前の月齢では、赤ん坊は青と紫が認識できず、どちらも灰色として感知する。また、パステルカラーは白色に見えている［アダムス、カレッジ、一九九八年／サトル、バンクス、グラフ、二〇〇二年］。

それでは、一人の人間が認識する色は、生涯を通して変わらないのだろうか？　答えは「ほぼ変わらない」だ。高齢になると、老化した角膜が、わずかに黄色味がかったフィルターの役割を果たす。その結果、年金生活者は、絶対的な白の基準として、青味がかった白を求めることになる。

しばしば引き合いに出されるのが、画家のクロード・モネだ。白内障を患《わずら》ってから、八二歳で手術を受けるまで、彼の絵の具のパレットは、少しずつ黄と赤茶の色合いに近づいていった。

白内障の手術後、モネは再び非常に青い絵を描きはじめた。イギリスの『ガーディアン』紙の調査（二〇一二年五月）によれば、手術のおかげで、スペクトルが広がり、紫外線のなかの色まで見えていた可能性があるという。この大胆な結論は、モネの最晩年の作品で花茎を描くのに用いられた色を紫外線の下で分析した記者たちによって導かれた。イギリス人がこうした説を唱えるとは……。

色の温度

「さあ、ブザーに手を置いて……。問題です。最も温度が高い色は何色でしょう？　赤でしょうか、それとも青でしょうか？」

まるでイギリスのITVで放送されているクイズ番組『Who Wants to Be a Millionaire?（百万長者になりたいのは誰だ？）』で出される問題のようだ。おそらくほとんどの人が、熱い色は赤で、冷たい色は青だと答えるだろう。

「ほとんどの人」と書いたが、科学者と、そしてもちろん天文学者は別である。なにしろ、青い星は赤い星の一〇倍も温度が高いと教えてくれる人たちなのだから……。

もっと身近な例を挙げよう。ある朝、トースターでパンを焼いているときに、いつもはオレンジがかった赤色をしている電熱線が、青くなっていたとしたら……。すぐに消防車を呼ぼう！　そして、もしも死なずにすんだなら、ギネスブックに連絡することだ。一万度以上の高温で焼いたパンであれば、新記録に認定されるかもしれない。

このように、色の温度は、一般的な感覚とは逆に変化する。温度が上がれば上がるほど、色は青に近づく。色の温度はケルビンという単位で表わされ（摂氏零度＝二七三・一五ケルビン）、〈黒体〉という面白い概念に基づいている。黒体とは、石炭を思い浮かべてもらうとわかりやすいが、波長にかかわらず、すべての光を吸収する黒い物体だ。石炭を白熱で熱すると、一五〇〇ケルビン（ろうそくの光の温度）でオレンジになり、二七〇〇ケルビン（白熱電球の温度）でオレンジがかった黄色になり、三二〇〇ケルビン（ハロゲンランプの温度）であざやかな黄色になり、五八〇〇ケルビン（太陽光の温度）で白色になる。温度が高くなるにつれて、石炭の先端がどんどん青くなっていくのがわかるだろう。

それでは、もしも青が「物理的に」赤よりも熱いならば、青は最も熱い色として認められるのだろうか？　その答えは、ある一定の条件下であれば「イエス」となる。

研究者たちがある実験を行なった。電気抵抗を施した複数個の立方体を、それぞれ彩度の高い、異なる色の布でくるみ、被験者グループに温度を比べてもらったのだ。このとき、「隠し事の好きな」科学者たちは、すべての立方体が誤差なく四二度に設定されていることを、被験者に伝え〈忘れて〉いた。比較は二個ずつ行なわれ、被験者はどちらの立方体が熱いかを瞬時に答えるよう求められた。その結果、最も熱い色として指摘された回数がいちばん多かったのは青と緑であり、いちばん冷たい色として認識されたのは赤と紫だった［モーゲンセン、イングリッシュ、一九二〇年］。被験者は、青と緑がいちばん冷たいはずだと思いこんでいた分、よけいに熱く感じたのだ。

もちろん、こうした特殊な例は別として、我々は赤、オレンジ、黄を暖色として、青と紫を寒色として認識している。緑は「ぬるい色」、つまり暖色でも寒色でもない色と見なされる。人間の目に見える光スペクトルの中央に位置するからだ。ただし、知っておいてほしいが、これは我々の感覚であり、物理的な観点からは間違っている。

色の温度についてのこの概念は、非常に重要である。なぜならば、脳による色の認識は、温度によって異なるからだ。我々は日頃から、ろうそくの光と電球の光と「陽の光」を区別している。いや、より正確に「晴れた日の昼間の光」と定義することも可能だ。朝の美しい色だの、冬の美しい色だのといった表現を聞くこともあるだろう。決して誇張ではなく、レモンは赤い光のなかでは白く見えて、緑色の光のなかでは茶色に見える。レモンが「レモン色」に見えるのは「白い」光のなかで見たときだけなのだ……。

「ろうそく」の光は、ついないがしろにされるが、それは間違っている。とくに絵画を展示するときには……。かつては、高名な画家であろうと貧乏絵描きであろうと、ろうそくの明かりだけで絵を描いていた。つまり画家たちは、「強いオレンジ」の光の下で、色彩を創りだしていたのだ。それなのに、美術館の学芸員たちは、画家たちが創作活動に打ち込んでいたときに「見ていた」光のもとで彼らの絵を展示しようとせずに、現代の習慣にしたがって、「白色光」の照明を用いている！　だから美術館の絵はとても「青く」見えるのだ。初期のピカソは、ろうそくの光で絵を描いていたらしい。そうだとすれば、彼の「青の時代」〔ピカソが二〇代初期に暗青色を基調として描いていた時期〕とは、作品を展示するときの照明が間違っているだけではないのか、との疑問を抱いてもよさそうだ……。

色の変化に関するこの概念――条件等色と呼ばれる――は、一部のカラリスト〔色彩のスペシャリスト〕たちによって、とくに繊維産業で取り入れられている。検討されるのは、陽の光で見ると衣服の色はどうなるか、売り場の色の温度によっても服の色は変わるのか、太陽光で緑に見える色が、強すぎる黄色の光では茶色に見えることはないか、等々だ。

陽の光に話が及んだところで、三つの詩的な質問にお答えしよう。読者もきっと子供の頃、両親に尋ねたことがあるはずだ。そしておそらく、困り顔でこう言われたにちがいない。「どうしてって……だって、そういうものなのよ……」と。その質問とは以下の三点のか。どうして雲は白いのか。どうして朝と夕方の太陽は赤くなるのか。どうして空は青いのか。

これらはすべて、ミー氏とレイリー氏による光散乱説によって説明される。簡単に言えば、雲が白いのは水の粒子が光の波長よりも大きいからである［グスタフ・ミー、一九〇八年］。そのため、スペクトル全体が反射して、白く見えるのだ。

地平線上の太陽が赤く見えるのは、空中に浮遊している粒子が何百万もの極微の鏡のように、あらゆる方向に光を散乱させるからである。レイリーは、短い波長（青）は長い波長（赤）よりもはるかに散乱しやすく、そのため、赤の波長は直進できても、青の波長は逸れて散らばることを明らかにした。太陽が地平線上にあるときは、光は、我々の目に届くまでのあいだに、大気中の長い距離を通過するため、より多くの「不純物」にぶつかることになる。そのため、赤の波長は地上に届くが、青の波長は散乱してしまうのだ。

正午——つまり太陽が我々の真上にあるとき——にも、同じ現象が起こるが、規模は小さい。ゆえに太陽は黄色に見える。ある宇宙飛行士は白く見えると言っているけれども！

最後になったが、空が青いのも理由は同じだ。太陽光線が大気を通過して地上に接するとき、我々の頭上を通り過ぎるはずの光線の一部が、大気中の不純物によって散乱する。

青の光は赤の光の一〇倍散乱するため、我々が目にする光の大半は青になる。おかげで、青空が出現するのだ。地方によって空の色が変わるのは、大気中の不純物の性質によるものである。

色は何色あるのか？

色の認識は、対象の素材や脳の反応や色の温度（さらには光の強さ）によって変化する。だが、我々が見ることのできる色の数は、どのくらいあるのだろうか？

まず、知っていただきたいのは、目の記憶力が、色に関しては非常に悪いことだ。ここに色合いが微妙に異なるカードが一万枚あるとしよう。そのなかから、ほとんど同じ色に見えるカードを数枚取り出して並べてみる。すると、「このカードは青味がかっている」「あのカードは若干明るい、いや鮮やかだ」などと比較することにより、違う色として認識できる。だが、カードを一枚だけ数秒間見せられたあと、そのカードがその場から下げられ、あらためて非常によく似た色合いのカードが一枚出されたならば、同じカードなのか、それとも別のカードなのか判断できないだろう。

色に関する人間の記憶は非常に不正確だ（いや、もちろん読者諸君は別だろう。これは諸君の気を悪くさせたくないから言うのだが……）。色見本帳を見せられたならば、我々は何色《なんしょく》を識別できるだろう？

答えは……「とてもたくさん」である！ もっと正確に言うならば（まったく正確ではないけれども）、数千色から数百万色のあいだだ。

パントンの色見本帳は二一〇〇色を収録している。だが、長年広告業界で働いてきた人間として、こう断言できる。アート部門のディレクターは誰もが「足りない色が多すぎる」と不満を述べている、と。

実際、足りない色が多すぎる。いま載っている色の一〇倍は必要だろう。国立ゴブラン織工房の染物職人は、二万色以上を識別できると自慢していた［シュヴルール、一八三九年］。現在、「測色（色を定量的に測定すること）の専門家たち」は、単色であれば一五〇色、明度と彩度による変化を加えるならば三〇万色の識別が可能だという点で同意している（CIE：国際照明委員会）。一部の楽天的な「色の権威」によれば、我々には三〇〇万色以上を識別できる能力があるらしい！［チャパニス、一九五四年／クライスト、一九七五年］

ただし、この数字を見たからといって、六〇〇〇万から八〇〇〇万色を映し出せるというテレビ画面の宣伝を無条件に信用するのはやめたほうがいい。

一つだけ確信を持って言えるのは、隣りあった二色を識別する場合、面積が広いほうが狭いよりも容易であること、また背景が赤のほうが青よりも色を識別しやすいことである。

要するに、どのくらいの数の色を識別できるかについては、いまだにはっきりした答えは出ていない。なぜだろう？　主な理由の一つは、色の認識には個人差があることだ。一般的に、女性のほうが男性よりも識別能力が高い。MRIを使った調査によれば、青い環境で試したところ、男性と女性では大脳皮質視覚野の反応が異なることがわかった［コワンほか、二〇〇〇年］。

先天性色覚異常者は、いくつかの特定の色の見分けがつかないため、結果として識別できる色が非常に少なくなる。色覚異常は、男性の〇・四パーセント、女性の八パーセントに見られるといわれる（一般的にはY染色体の異常が原因だとされる）。色覚異常は、一部の職業――パイロットや航空管制官や爆発物処理員など――に就こうとする場合に障害となり得る。確かに、爆発物処理に従事するのは無理だろう。青のコードを切断しなくてはならないのに、赤のコードと見分けがつかないのでは、危険なばかりで、何の役にも立たないからだ。これに反して、マーク・ザッカーバーグ〔フェイスブックの創設者〕は色覚異常でありながら、人生で大成功を収めている。フェイスブックのロゴに青を選んだのは、彼が正常に見ることのできる唯一の色だからだ。またユデルゾ〔フランスの漫画家〕は、自分が色覚異常であると知っているので、バンド・デシネ〔フランスの漫画のこと〕の彩色は好んで同僚たちにまかせていた。色覚異常ではなくても、男性は全般に、モーブ（灰色がかった紫）とピンクの識別が苦手だ。緑と黄色と青に関しても、女性よりも識別能力が劣っている［アブラモフほか、二〇一二年］。また、すでに述べたが、四色型色覚者は男性よりも女性に多い。男性は大半がたんなる三色型色覚者なのだ……。

一方、色覚は、視覚能力に応じて多少なりとも変化する。だが、その視覚能力には、明度（東洋人の切れ長の目は、西洋人の目よりもまぶしさに強い）や表面の艶《つや》の有無、屈折角、対象と目のあいだの距離などによって個人差が生じる。

我々の錐体細胞は、対象の大きさにも影響される。大きければ大きいほど、色も濃く感じられるのだ。画家のマチスも言っていた。「一メートル四方の青は、一センチメートル四方の青よりも青い」と。

色はまた、明度に応じて変化する。黄色が明るい（輝く）ほど黄緑に近づく傾向がある。

そのため、同じ色としての印象を保つためには、波長を赤に近づけなくてはならない［ブゾルド、ブリュッケ、一九世紀］。青に関しては、同じ現象が逆に作用する。つまり、彩度が上がるほど暗く見える。そこで、同じ明度であるように見せるには、輝度を上げなくてはならない（アブニー現象）。

最後になるが、色を選択するさいに、すべてのカラリストが念頭に置かなくてはならないのは、色の印象が配色によって変わるという事実である。たとえば紫は、青などの寒色と並べると暖かく感じられるが、オレンジなどの暖色の隣に置くと、冷たさを感じさせる。同様に、黄緑は暖色と並べるとより冷たく、寒色と並べるとより暖かく感じられる。

このコントラストの概念はとても大切だ。当然ながら研究が進められているが、とくにメッセージを完璧に伝えることを求められる広告業界では、熱心な取り組みがなされている。アメリカのポスター会社〈メドウ〉によれば、目立つ順に並べると、以下のような配色になるという。黄色の地に黒、白地に黒、白地に青、白地に緑、黄色の地に緑……。つまり、黒と黄は、我々の目には最もコントラストの強い組み合わせとして映るのだ。ところで、「黒と黄」と聞いて何を思い出すだろう？　フランスでは、どこにあっても目について、忘れることのできないカシュ・ラジョニ〔黒い角形の飴〕だ。

それではニューヨークではどうだろう？　もちろん、タクシーの色である。ニューヨークのタクシーが黒と黄を使っているのは偶然ではない。二〇世紀初頭、優秀な頭脳の持ち主ジョン・ハーツ氏は、シカゴでタクシー会社を経営していた。その当時、タクシーの色は黒だった。ブレーキとサスペンションの性能もよくなかったために、痛ましい事故が絶えず起きていた。そこでジョン・ハーツは、ニューヨークにタクシー会社を設立するにあたって、タクシーの車体を遠くの歩行者からも他の車からもよく見えるような色にすれば、事故も減るだろうと考えた。そして、最もコントラストの強い「黒と黄」を自社の車体に選び、イエローキャブ社を設立したのだ。

補色同士が強いコントラストを生むことも知られている。この発見は一九世紀の化学者ウジェーヌ・シュヴルールに負うところが多い。このシュヴルールについて少し語らせてほしい。なにしろそれだけの価値のある人物だからだ。彼は国立ゴブラン織工房の監督官を務めていたため、フランスじゅうの染物職人からの苦情を一身に受ける公的な立場にあった。染物職人たちは、ちゃんとした教育を受けた人間ばかりではなかったので、工房の染料に出来不出来のむらがあるという不満を、ここに記すのがはばかられるような言葉で彼に浴びせた。シュヴルールは——非常にプライドの高い人物でもあったが——この問題の原因は、色素の質ではなく配色にあると直感する。解決策は二つあった。さっさと逃げ出すか、それとも筆を執るかだ。

そして一八三九年、彼は著作を刊行する。タイトルは『だから私のせいではないと言ったじゃないか!!』としてもよかっただろうが、『色彩の同時対比の法則』とつけられた。このなかでシュヴルールは、色は隣接した色に補色の色合いを与えると述べている。つまり、補色同士は互いに明るくなり、補色ではない色同士はくすんで見えるのだ。色はまた、背後の色の明度や彩度によっても変化する。シュヴルールのこの著書は、画家のドラクロワにはすでに知られていたが、印象派や、ジョルジュ・スーラの確立した点描派などの芸術活動にも大きな影響を与えることになる。

色の誘導現象と呼ばれ、外科医の手術着に緑色が用いられる原因ともなる陰性残像については、すでにお話しした。この視覚の錯覚は、頻繁に起こるにもかかわらず、ほとんど知られていない。色は、ある条件下でその補色の残像を作り出す。たとえば、黄色の枠の内部が白か灰色であると、その部分に黄色の補色（この場合は紫がかった色合い）が誘導される〔クラーク、一九八五年〕。これは非常に重要な概念なので、すべての装飾家は留意しなくてはならない。

具体的な例を挙げよう。ニコルは、リネンを扱う店の女主人だ。店は古く、ペンキがはげ落ちはじめている。ひどく暑い夏の朝、目を覚ましたニコルはこう考えた。「店を青く塗り替えよう、そうすればさわやかな雰囲気になるはずだ」と。だが、ニコルが売っているリネンの大半は、白い色だったのだ！　売り場を囲む壁が青くなったせいで、白い布は黄ばんで見えるようになり、売上げは減ってしまった。私がニコルに同情的ではないように思われたなら、お許しいただきたい……。

黄色く見えるリネンが売れなくなって、破産したニコルは今度は美容師になろうと決心する。そこで店を美容院に改装し、明るい気分になるようにと、壁を鮮やかなバラ色――ほとんど赤に近かった――に塗り替え、壁の中央に大きな鏡をかけた。だが、残念ながら、誘導現象のせいで、客はくすんだ緑色の顔をした自分と向き合うことになったのだ。この誘導現象と同じ仕組みが見られるのが、いわゆる「水彩効果」（ウォーターカラー・エフェクト）である。輪郭の内側に沿って、輪郭よりも薄い色で一本の線を描いてみよう。囲まれた部分が、あとから描いた線と同じ色に見えるだろう〔ピンナ、ブレルスタッフ、スピルマン、二〇〇一年」。

このように、誘導現象は、繊細な方法で色の認識を変えることを可能にする。だが、それを意識している室内装飾家や建築家はほとんどいない。

さて、くどくどと「初心者のための哲学」を説いてきたが、ここで色の認識について絶えず論争を巻き起こしてきた重要な問題について考えよう。私がある色を「オレンジ」と呼ぶのは、その名前を持つ果物を知っていることと、子供の頃、この色をオレンジと呼ぶのだと教わったためである。だから私は、この色を見るたびに「オレンジ」という言葉を口にする。だが、読者の見ている「オレンジ」と、私の見ている「オレンジ」が同じ色だと、誰が断言できるだろう？　読者の見ている「オレンジ」は、もっと赤に近いかもしれない。そして、もしも読者が私の脳を覗くことができたなら、私が「オレンジ」と呼ぶ色が、読者の目にはサーモンピンクだったということもあり得るのではないだろうか？

この認識の概念は、デモクリトスやプラトンに始まって、ガリレオやデカルト、そしてもちろんニュートンなどの科学者や哲学者たちに影響を与えた。色は、広がりや形状や運動などの「一次性質」とは対照的に、「二次性質」（匂いや味や寒暖など）に分類されている。ジョン・ロックは『人間知性論』のなかで、「二次性質は物質そのもののなかに存在するものではなく、我々のなかに感覚を生じさせる力にすぎない」とまで言っている。はっきり言うと、以下のようになる。球体が球体であることは確かであり、その素材や総量や体積については確信を持って定義できる。しかし、色の認識は主観的なものであり、数量化は不可能だ。

それでも最近、男性は女性よりも暖色を暖かく感じることが、学者たちによって証明された。たとえばオレンジであれば、男性のほうが赤味を強く感じる。また同様に、草は、男性には黄色味がかって、女性には緑がかって見える［アブラモフほか、二〇一二年］。

だが、最も激烈な論争が交わされ、しかも、色の与える影響という我々のテーマの核心に近づく議題は、色の認識の普遍性と相対性に関するものである。色の認識は、先天的なものなのか、それとも後天的なものなのか？

私の左側では、非常に多くの相対主義者たちが、我々が見ている色は大部分が文化によって条件づけられていると主張している。

多くの例のなかから一つを挙げよう。「赤と白」と「赤と黒」は、西洋では「白と黒」よりもコントラストが強い。たとえばチェスは、六世紀頃にインドで生まれたときには赤と黒の駒を使っていた。この組み合わせは、ペルシャやアラブでは非常に好まれ、そのまま用いられている。だが、一〇〇〇年頃西洋に伝わると、ヨーロッパ人は赤と白のコントラストのほうを用いるようになり、やがてルネッサンス期には白と黒に変わったのだ……。なんと、二〇〇九年に『ナショナル・ジオグラフィック』誌に驚くべき論文が掲載された。テレビゲーム——とくに戦争ゲーム——に夢中になっている若者たちは、灰色を背景にしたコントラストと細部に対する感受性が発達し、夜に文字を読んだり運転をしたりする能力が高まっているというのだ［ブリアン・ハンドヴェルク、二〇〇九年］。これで、いまどきの子供たちが一生懸命テレビゲームをやっている理由がわかった。遊んでいるわけではなかったのだ！

だが、相対主義者たちの掲げる論拠のなかで驚かされるのは、言語に関する話題である。たとえば北極圏に住むイヌイットは、白を意味する単語を二五個以上持っている。これは、雪と切り離せない生活のなかで、白色に対する知覚が研ぎ澄まされたことの証《あかし》だ。

逆に、一部の文化には、ごく単純に名前のない色がある。物には必ずあるはずの名前がないということは、他の色と混同されていることを意味する。つまり、その文化のなかで、それらの色は知覚されないということだ。たとえばアリストテレスの時代には、色は、白・赤・緑・青・黒の五色しかなく、黄やオレンジや紫などを直接示す言葉は存在しなかった。色合いよりも、明るさと暗さの概念のほうが優先された。色は、白と黒のあいだで、明度によってのみ分類されていたのだ……。

古代では、白はきわめて輝度の高い黄色にすぎず、黒は最も暗い青だった……。

アステカ文明では、青と緑は色名としては存在しない。この二色は同じ名前で呼ばれているが、その名前を翻訳するならば、間違いなく「ターコイズ」〔トルコ石の青緑色〕となるだろう。

異国の逸話はこのくらいにして、少々立場を異にする普遍主義者たちの意見を聞こう。その代表的な人物と言えば、生理学と医学の分野でノーベル賞を受賞した四名、フランシス・クリック、ジェラルド・モーリス、トルステン・ウィーセル、デイヴィッド・ヒューベルである。いやはやたいしたものだ！　この偉人たちは、実に尊大な態度で、「人類のすべてに共通の三色型色覚は、話される言語より三〇〇〇年前に生まれている」と言いきっている。そして、「つまり、色を発見するために言語を待たなくてはならなかったということだろうか？」と、壇上で冷笑するのだ……。

現在では、誰とも喧嘩をしたくない（そして自分もノーベル賞が欲しいと思っている）科学者たちが、普遍主義者と相対主義者を和解させるために、「真実はこの二つの学派の中間にある」という仮説を立てている。たとえばボーンスタインは、一九七三年に、熱帯地方の住人が青を知覚できない理由を確かめるために現地に赴いた。彼が論拠としたのは、熱帯地方の住人は、それより北の地域に住む人間の三倍も紫外線（とくにUVB：紫外線B波）を浴びているという事実だ。UVBを長時間浴びていると、目に変性が生じ、とくに防御反応として水晶体が濁って黄色くなるため（色素沈着）、青や黄色のような短い波長を感知することができなくなる（三色型色盲）といった障害がもたらされる。ボーンスタインは、〈進化〉が、熱帯の住人に目を保護するメカニズムを与えたと考える。だから熱帯地方には青を表わす言葉がないのだろう［リンゼイ、ブラウンによる実証研究、二〇〇四年］。

それでは、西洋人がカラーコンタクトをはめて、水晶体を黄色にしたならどうなるだろう？　研究者たちがその実験を行なった。すると、まるで魔法にかかったかのように、西洋人たちも青を認識することができなくなる。そして、色を示されて、その色名を問われると、答えは紫外線にさらされている人々とまったく同じだった。ここから出された結論は――おそらく普遍主義者と相対主義者の意見の折衷案だろうが――「住人の水晶体がどの程度日焼けしているかによって、彼らの色彩事典に〈青〉という単語があるかどうかがわかる」というものだった〔ブラウン、リンゼイ、二〇〇一年・二〇〇二年〕。逆に、世界じゅうの二〇三の言語を分析した結果、ＵＶＢの放射が弱い地域で話されている言語では、青に関する基本的な単語のすべてが使用されていることがわかった。

最近、この論争に、生物学者たちが加わりはじめている。彼らが唱えるのは、初期段階ではあるが有望な「エピジェネティクス」〔遺伝学の新しい考え方〕である。この、少々違和感を覚える言葉が秘めている理論とは、一人の人間の経験と環境が、何世代にもわたって子孫に生物上の遺伝を伝えることができるというものだ。

例を挙げよう。あなたのおじいさんが、第二次世界大戦中、緑色の部屋で拷問を受けていたとする。すると、おそらくあなたのお父さんとあなた自身、そしてあなたの子供たちも、理由がわからないまま緑を嫌うようになる。おじいさんのトラウマが、ＤＮＡの突然変異を起こすことなく、遺伝子の一部の働きを微妙に変化させたのだ。

この後成説《こうせいせつ》〔形態・形質は卵から発生していく過程でしだいに分化して形成されるという考え方〕については、世界じゅうで研究が進められ、めざましい成果が上げられている。たとえば、ネズミに関しては、匂いに関する不安を何世代にもわたって伝える実験が成功した。研究者たちは、研究所で飼育している雄ネズミの足に、ある特殊な匂いを気体放電した。つまり、ネズミたちは、この匂いを嗅ぐたびに、足が「ちくちくする」のを感じることになる。すると、このネズミたちの子供世代は、影響を受けないように親たちから引き離されていたにもかかわらず、この匂いを嗅ぐと、相応のストレスを感じるしぐさを見せたのだ。しかも、それが少なくとも二世代にわたって続いた［ディアス、レスラー、二〇一三年］。すなわち、先天的なもののなかには、数世代前に獲得されたものもあるということだ。

動植物の色覚

長いあいだ、哺乳類の九〇パーセントは色覚を持たないと思われていた。いまだにインターネット上では、そうした説をあちこちで見かける。だが、現在はそれが誤りであること（九〇パーセントという点で……）、そして、人間の目に見える光スペクトルとは異なっていても、動物はそれぞれ特有のスペクトルを持っていることが証明されている。哺乳類の大半は確かに色覚異常だが、それは彼らの網膜が二種類の錐体細胞しか持たないことによる（青を中心に感知するS錐体と赤を中心に感知するL錐体の二錐体のみを保有する）。たとえば、犬は青と黄色以外はうまく識別できない。だから、愛犬を喜ばせたいならば、犬用の食器は青か黄色を選ぶといい。ほかの色はすべて、濃淡の差こそあれ灰色に見えてしまうからだ。

猫やウサギやネズミや牛は、青と緑は感知するが、赤という色を知らない。つまり、雄牛は絶対に赤を識別していないということだ。それなのに、どうして闘牛士は赤いマントを振りまわすのだろう？　それはたんに、これから耳を切られ、尾を落とされ、命まで奪われることになる哀れな動物の血の色を目立たなくするためである。

そのほかの動物の色覚についても見ていこう。馬は、黄色と緑を正常に識別するが、青と赤を混同する。爬虫類《はちゅうるい》では、カメは青と緑とオレンジを識別し、トカゲは黄色と赤と緑と青を見分けることが知られている。昆虫はどうかと言うと、黄色を非常によく感知する。蠅《はえ》取り紙やその他の虫取り用の罠《わな》に黄色が使われているのには意味があるのだ……。

また、広い海の上では、虫はあまりありがたくないお客だ。だから、一般に、船体を黄色く塗ることは禁止されている。大量の花粉があると勘違いして、虫が巣を作るのを避けるためである。そして最後につけ加えると、鳥は色覚が非常に発達しており、形や動きよりも色に応じて行動していると思われる。

結論を言えば、人間とほぼ同じ色覚と光スペクトルを持つ動物は、リスとトガリネズミ、そして一部の蝶《ちょう》だけとされている。ごくわずかと言ってよいだろう……。だが、自慢するにはあたらない。人間よりも優れた色覚を持つ動物はたくさんいるのだから！　その筆頭が甲殻類だ。シャコは一二種類、それに続くエイも一〇種類の光受容体を持ち、「三色型色覚」（青・緑・赤）として公認されている人間の目を大きく引き離している。

ほかにも人間よりもはるかに大きなスペクトルを持つ動物は存在する。たとえば魚は、人間と同じスペクトルの色だけではなく、紫外線の領域に含まれる色も識別する。そう、この紫外線および赤外線――つまり可視光線スペクトルの外側――のなかには、我々には感知できない色が数多く存在するのだ。我々には想像することさえできない色、我々の目には（残念ながら）灰色の濃淡としか映らない色が……。

たとえばコウモリは、赤外線をよく識別する。もしもバットマンに会ったならば、彼の目には木々の葉がどんな色に見えているのかを尋ねてみると面白いだろう。というのは、葉の持つ光スペクトルは、大部分が緑ではなく赤外線に属するからだ。

同様に、蛇が完全な暗闇のなかでも獲物を見つけることができるのは、唇にあるへこみによって、相手が体温とともに放つ赤外線を感知するからである。

また、ミツバチは、紫外線を非常によく感知する。そこで、多くの花が、賢いことに、人間の目には見えない色をまとって、ミツバチを引き寄せている。たとえば、マーガレットは、我々には白く見えるが、反射する光線の大部分は紫外線の領域に含まれる［ネイサンズ、トーマス、ホグネス、一九八六年／シャープほか、一九九九年／ランソニー、二〇〇一年］。

動物について語る以上、カメレオンとその色の変化についても話しておこう。カヴァンナは「カメレオンがカメレオンの色をしているのは、別のカメレオンの上に乗っているときだけだ」と言っている。なんともしゃれた表現ではないか！　だが、その続きはあまり愉快ではないので、繊細な読者は、次の行を読み飛ばしてもらいたい……。

「カメレオンの色は、背景ではなく心理的な要因によって変化する」

実に残念だ……。私個人は、これを知って大いに失望している。

植物もまた色をよく感知する。より正確に言えば、ある一色、すなわち赤だけを識別する。これは、植物の持つ光受容器「フィトクロム」が、赤しか感知しないためである。だから、大半の植物は、赤い光を当ててやるとすくすく伸びて、お礼に美しい花を咲かせてくれるだろう。

共感覚

さしつかえなければ、ちょっとしたテストをさせてもらいたい。道具を一つ、頭のなかで思い浮かべてほしい。どんな道具でもかまわない。そして、今度はそれに色をつけてみる。さあ、目を閉じて……真剣に……。見えているのは何だろう？　当ててみよう……赤いハンマーだ！

試してみなかった読者（またはうまくいかなかった読者）は、親しい人にやってもらうことをおすすめする。結果は――おそらく、三人に二人はうまくいくだろう。

この現象は、一種の「補佐された共感覚」と見なされている。共感覚とは、二つ以上の感覚が結びついた神経現象を指す。色を見ると特定の形を思い浮かべる人もいれば、数字や文字やカレンダーの日付を連想する人もいる。共感覚には、一五二もの形態が挙げられている。

共感覚という特性は、それを引き起こす感覚器官に応じて、〇・二～四パーセントの人に備わっている。だが、この「才能」に関する知識はかなり限られていることを、認識していただきたい。一部の科学者たちは、共感覚は遺伝的なもので、X3染色体を通して受け継がれると考えている。

共感覚のなかで、最も目立つのが共視症である。共視症とは、一つの色を一つの音に結びつける能力だ。この信じがたい能力を授かった音楽家には、デューク・エリントン、ミシェル・ペトルチアーニ〔フランスのジャズ・ピアニスト〕、作曲家のアレクサンドル・スクリャービン〔一八七二―一九一五。ロシアの作曲家〕などが挙げられるが、彼らは一つの色をそれぞれ一つの音符に結びつけていた。

共視症については、説明するのがなかなか難しい。色も音楽も波長を起こすが、両者のあいだにはいかなる関係式も成立しないからである。

しかし、注意深く観察すると、我々の誰もが多少の共感覚を備えていることがわかる。最近の実験で明らかにされたが、我々は、モーツァルトの『魔笛』を聴くと、ごく自然に黄色やオレンジなどの明るい色を思い浮かべる。だが、『レクイエム　ニ短調』からは、黒や青味がかった灰色などの暗い色を連想する。実験では、被験者の九五パーセントが、テンポの速い音楽からは明るい色や暖色を連想し、逆に、悲しく訴えかけるような音楽からは彩度の低い暗い色を思い浮かべた。また、この現象は文化とは無関係に起こる。サンフランシスコに住むアメリカ人も、グアダラハラに住むメキシコ人も、連想する色は同じだったのだ［パーマー、シュロス、二〇一三年］。

そうなると、音楽の配給会社は、ＣＤジャケットの色彩を、アルバムに収録されている音楽の「色」と合わせれば面白いのではないだろうか。

本項の締めくくりとして、最も進化した共感覚者、ニール・ハービソン〔一九八二年生まれ〕を紹介しよう。このイギリス人アーティストは、色をまったく識別できない重度の色覚異常者だ。彼が自分の障害と闘うことを決意し、「進化した脳の実体」のなかに飛びこんだことが、大きな論議を呼んでいる。

多才なハービソンは、デバイスのような装置を額に取りつけている。その装置が、彼の視界に入った色を捕らえ、音波の形に再現する。そして、この再現された色が骨伝導によって内耳にまで届くのだ。

ニール・ハービソンは、いまや頻繁にメディアに登場している。その言葉を信じるならば、彼は三六〇もの色を「聴く」ことができる。いや、そればかりか、赤外線や紫外線にも音を与えることができるという。つまり、建物に侵入しようと思ったときに彼と一緒であれば、警報装置が作動しているかどうかを教えてもらえるというわけだ。

色の再現

今日、原色の数は四色ではなく（ゲーテには気の毒だが）、七色でもなく（ニュートンも失望するだろうが）、三色だという点で、科学者たちの意見は一致している。この三色を混ぜ合わせることで、あらゆる色を創り出すことが可能だ。色彩の三原色を作るために青と赤と黄色を混ぜ合わせることを〈減色法〉と呼び、色光の三原色を作るために青と赤と緑を混ぜ合わせることを〈加色法〉と呼ぶ。

減色法は、インク（印刷）や色材（絵画）を重ね合わせることで行なわれる。その原理はいたって単純だ。原色は、可視光スペクトルの三分の一近くを吸収する。シアン（スカイブルー）は赤の領域の光を吸収し、マゼンタ（ピンクに近い明るい赤）は緑の領域の光を、黄色《イエロー》は青の領域の光を吸収する。そこで、たとえばシアンと黄色を混ぜると、吸収されずに物体で反射される光は、緑の領域ということになる。美術の教師が、煙突から煙が出ている家の前の草を描くときには、青と黄を混ぜるように指導する理由がこれでわかるだろう……。

三原色を混ぜると、すべての波長が反射せずに吸収されるため、黒くなる。もっともこれは理論上の話だ。実際には、色材が完全に純粋だということはありえず、相当する波長を一〇〇パーセント吸収できるわけでもない。そこで、印刷のさいには、第四の色として黒《ブラック》を加える。この黒が、スペクトル全体を吸収し、当然だが、より深みのある黒を作るのに役立つ。

便宜上、原色には、赤のマゼンタ、青のシアンと、黄色が選ばれている。だが、これが青リンゴ色と紫と杏色《あんずいろ》であってもかまわなかったのだ。

重要なのは、これら三色がそれぞれ色彩スペクトルの三分の一ずつを反射することだ。そして、シアンとマゼンタと黄色を作るのはかなり容易であることがわかっている。現在ではもはや、三原色がマゼンタとシアンと黄色であることに疑問をさしはさむ者はいない。第二原色として指定されているのは、緑（黄プラス青）とオレンジ（赤プラス黄）と紫（青プラス赤）である。第三原色は、原色をさまざまな比率で混ぜ合わせたものだが、「緑がかった」「赤味がかった」などの「がかった」と表現される色に、栗色が加えられている。

加色法（一八六一年にマクスウェルによって実証された）は、三つの光を重ねることで、あらゆる色を作り出すことが可能だと説く。その場合、三つの光はできる限り離れた波長であるべきだとされている。そこで、スペクトルの両端にある赤い光と青い光、そして中央に位置する緑の光が選ばれることになる。

ＣＩＥ（国際照明委員会）は、一九三一年、水銀のスペクトルに基づいてこの三色の基準を作成した。

この三色を重ね合わせると、光スペクトル全体がカバーされて白になる（一九ページのニュートンの実験を参照）。我々の周囲にあるスクリーン（液晶ディスプレイ、プラズマ、スキャナー、カメラ、デジタルカメラなど）の色はすべてこうして作られている。

視覚の錯覚

秒速六万キロメートルで赤信号に向かって車を走らせると、信号が青に見えてくる。これがドップラー効果だ！　もっと試しやすい例を挙げよう。わかりやすい錯覚の一つは、おそらくあなたの目の前にある。いや、正確には、目のすぐ上にある。「ごま塩」の頭が、きれいな灰色の髪に見えているはずだ。そもそも、灰色の髪というのは存在しない。髪に沈着する色素は、黒・金・褐色・赤、そして白に限られるからだ。しかし、黒髪と白髪が混ざると、全体が灰色に見えるのだ。

もうおわかりだろうが、原色の微小な点を並べると、錐体細胞の「信じやすさ」に乗じて、色を「創り出す」ことができる。我々の脳は、錐体細胞が感知した色の平均を取って新しい色合いを「想像」するからだ。赤と緑と青のピクセルだけを光らせるテレビ受像機の仕組みもここにある。

印刷では、それを網目スクリーンと呼んでいる。どんな雑誌でもよいから、写真をルーペで見てみるといい。普通は黄色《イエロー》とシアンとマゼンタ、そして黒《ブラック》の点しか見えないはずだ（ただし、より多くの色を使う多色印刷もある）。これに大きな関心を抱いたのが、ジョルジュ・スーラなどの点描派や印象派グループである。

ここで一言だけ、偉大なる画家フィンセント・ファン・ゴッホについて触れておきたい。彼はまぎれもなく、あらゆる時代を通じて最も優れたカラリストの一人だった（つけ加えると、厳密な意味では印象派のメンバーではなかった。展覧会に招待されていないからだ）。

ゴッホの話はこれだけにして、色についての理論に移ろう。色に関する知識はここ三〇年間で飛躍的な進歩を遂げている。それをざっとおさらいすることが重要だ。色を知ることで、その影響をより理解できるようになるだろう。覚えておいてほしいのは、色とは電磁波でありエネルギーの伝達だということだ。そして同様に忘れてならないのは、我々の視覚は、分割できない三要素――光源の色の温度・脳の完全に主観的な解釈・対象物の性質――と密接に関わっていることである。

それでは、問題の核心に進むとしよう。

第2章

色の与える影響

この世で最も冷酷非情な人物を挙げよと言われたならば……。とりあえず、ヒッチコックの映画『サイコ』に登場するノーマン・ベイツとしておこう。ところで、この男は、色覚異常者ではない。あらゆる色を識別することができる。赤い血の色だけを感知するわけではないのだ……。

今日、科学者たちは、いとも簡単に次のような意見に同意する。「脳の扁桃核は、興奮転移と呼ばれる生理的活性化をもたらす現象によって、情報認識の処理に影響を与える」と［ジルマン効果、一九七一年／ギャレット、マドック、二〇〇一年／シュバルツ、クローレ、二〇〇三年］。わかりやすい言葉に直すと、「科学者たちが脳のなかをさんざん調べたところ、色はクリスマスツリーのように脳を照らして、理由もよくわからないままに我々に何かをさせることがわかった。さらに、色が暖色か寒色かによって、刺激を受ける脳の場所が違うことも明らかになった」という意味だ［タン、リュウ、リー、二〇〇二年］。一方、我々の脳は思索し、無意識のうちに我々が行動したり、さまざまな方法で現実を認識したりするよう仕向ける［バルビュル、ワイスクランツ、ハーロウ、一九九九年］。

色が与える生理的影響は、目を閉じていても作用することがわかっている。まず、知っておきたいのは、皮膚と網膜が、非常によく似た光感覚を持っていることだ〔キャンベル、マーフィー、一九九八年〕。つまり、我々の皮膚は色を感じるのだ！　紫外線に当たると日焼けするように、皮膚が一部の波長に反応することはよく知られている。だが、「目に見える」光線の波長――つまり色――までが皮膚に影響を与えるなどと、誰が思うだろうか？

二〇〇〇年ほど前に書かれた『黄帝内経《こうていだいけい》』は、中国の伝統医学を伝える書物だが、それによれば、人間は消化管を通して得るのと同じ成分を皮膚から吸収することができるという。色が人間の皮膚に与える影響について、最初に興味を持った人間の一人が、ほかならぬジュール・ロマンだ。作家になる前は、生理学者だったロマンは、自らが網膜外視覚と名づけた現象の研究をしていた。彼の考えでは、一定の条件下であれば、物体や面の色による温度差を「感じ取る」ことは可能なはずだった。なかでも目の見えない人たちは、とくに赤と黄色の温度差を実感していると思われた。しかし、ジュール・ロマンのこの主張は、科学界にすさまじい論争を巻き起こす。そして一九三九年、ある調査によって、皮膚に異なる色を当てると（目隠しをした状態で）、それぞれ異なる効果が得られることが確認された〔クルト・ゴールドシュタイン著『生体の機能――心理学と生理学の間』村上仁・黒丸正四郎訳、一九五七年、みすず書房刊〕。

数々の臨床実験によって、神経症と精神病の患者は、色の影響をきわめて強く受けることが明らかになった。さらに多くの調査で、赤は脈を速くし、動脈張力を強め、皮膚電気反応を亢進《こうしん》し、瞬きを増やして、呼吸頻度を上げ、脳波のなかのアルファ波を減少させることが確認された。その変化は非常に意味深いものであり、明白な数字が記されている。赤い環境では、体内の生体電気の活動が五・八パーセント、筋力が一三・五パーセント増える。これはかなりの量と言えるだろう〔ジェラルド、一九五七年／バーライン、一九六〇年／ウィルソン、一九六六年／ビレン、一九九八年／ロビンソン、二〇〇四年／メイヤー、バイカ、二〇一四年〕。「赤を見ている」〔フランス語では、激高していることを表わす〕人にはなおのこと用心しなくてはならない。

同様に、ある種の頭痛やてんかんの発作が、一定の周波（赤い点滅）によって引き起こされることも明らかになった。色は、我々の生体リズムやメラトニンの分泌にも影響を与える。そして、とくに強い影響力を持つ色とされるのがターコイズ〔トルコ石の青緑色〕だ（これについては、光の影響について述べるときに触れよう）。

色はさらに聴覚にも――とりわけ音が不快に感じられるときに――影響を与える。一部の音は、色と結びつき、色に組み込まれた形で、脳によって処理され得ることがわかった［ファスター、ボドナー、クローガー、二〇〇〇年］。高周波（甲高い音）の騒がしい環境では暗い色が好まれ、低周波（低い音や超低周波音）の公害を緩和するには明るい色が用いられる［デリベレ、一九九六年／ドゥヴィスム、二〇〇〇年］。

こうした生理的な影響は、たとえ目を閉じていても感じられるが、ここに加わるのが、視覚によって引き起こされる心理的な影響である。

たとえば、壁の色が赤やオレンジなどの暖色系の部屋では、時間が過ぎるのが速く感じられる［スメッツ、一九六九年］。逆に、パソコンの画面に関しては、背景を寒色にすると、アップロードにかかる時間が短く感じられる［ゴーンほか、二〇〇四年］。背景が暖色――とくに赤――の場合は、パソコンの前に座っている時間が長く思われる。これはとくに男性にあてはまる傾向だ［シバサキほか、二〇一四年］。

室温の知覚に関しては、部屋の色が暖色系か寒色系かによって驚くほどの違いが生まれる。赤やオレンジが主体となっている作業場では、職人が感じる温度は、青や緑に塗られた部屋よりも三度から四度高くなる［ボーガン、ヤング、二〇〇二年］。また熱い飲み物は、赤いカップに注ぐと、黄や緑やとくに青いカップに入れたときよりも熱く見える［ゲガン、ジャコブ、二〇一二年］。

こうした色と温度の知覚に関する研究は、高山の世界ではよく知られるようになっている。二〇〇八年に、聖火のトーチを掲げてエベレスト頂上に登った中国とチベットの登山家たちは、炎だけではなく、頭から爪先まで覆う赤い登山服で暖まることができたのだ。

山を少し下ってみよう。フランス国立スキー学校のインストラクターたちがあまり寒さを感じないのは、高品質の装備のおかげもあるが、ブルゾンの赤い色が暖かさを感じさせてくれるからでもある。

いまや自信を持って断言できる。高山におけるファッションの流行は、この先数百年間、赤のまま変わることはないだろう！

住まいに関しては、我々は無意識に、赤が主調色の部屋にいるときはエアコンの設定温度を下げ、青が主調色の場合は上げている［ファンガー、ブルーム、ジャーキング、一九七七年］。これは、光熱費の請求書に大きな影響をもたらすだろう。

もしも色が、現実世界についての我々の認識を変えることができるならば、我々の行動を修正する力もあるということだ……。

危険と身体的優位性を表わす色

知能テストの例で見たように、赤を見ると、我々の論理的な能力は低下する［エリオット、メイヤー、モーラーほか、二〇〇七年］。ちらっと赤を見ただけで、人間の脳幹は覚醒し、能力と行動に変化が生じるのだ。そして脳幹が優勢になると、我々はもはや論理に基づく知性ではなく、生存反応をともなう原始的な知能に支配される。赤は符号化と短期記憶を促進するが［クネズ、二〇〇一年］、これは、危険に備えて緊張を最大限に高めている証《あかし》だ。

この知能テストでは、何色《なんしょく》かのファイルから一冊を選んで学生に渡すさいに、テストの難易度を選択するように指示している。すると、赤いファイルを渡された学生には、いちばん易しいテストを選ぶ傾向が見られた。赤が不安を抱かせたからだ！

さらに意外に思われるのが、「赤を数秒間見ただけで人間は臆病になる」という結果だ。この調査では、同じ学生たちに、単語テストもしくは類語テストを受けてもらうことを告げ、どちらのテストを受けるかは、渡されたファイルのなかを見ればわかると伝えている。

そこで学生たちがファイルを開けると、「単語」もしくは「類語」と書かれた紙が入っているが、その紙には、赤と緑の二種類がある。続いて学生たちは、隣接した研究室にテスト問題を取りに行くが、そこのドアに、「ノックしてください」と書かれた張り紙がしてある。このとき、赤い紙を見た学生のノックは、緑の紙の学生と比べて、回数も少なく音も弱いことが確認されたという。

さらに別の調査結果を紹介しよう。パソコンの前に座った被験者たちにセンサーを取りつけて、これから論理テストを受けてもらうことを告げる。このとき、パソコンの画面背景が赤い被験者は、画面が灰色や緑の被験者よりも、後ずさりすることが多い。「この動きは、人間の身体には先天的に、ごく基本的なレベルで赤から遠ざかろうとするプログラムが組み込まれていることを示している」と報告書は結論づけている［エリオット、メイヤー、モーラーほか、二〇〇七年］。

そこで、このとき被験者の脳のなかで何が起きているのかを、脳波から調べる作業が行なわれた。すると、赤い光にさらされた被験者は、右前頭皮質の動きが活性化していることがわかった。この右前頭皮質は脳のなかでも感情行動、とくに回避行動に結びつく感情と深い関わりを持つ部分である。

赤に対する恐怖心については、中国の大学教授たちも確認している。彼らは、学生の被験者たちに、一連の知能テストを実施した。各設問の前に受験者に対する指示が与えられるが、それを記す用紙の半数を赤、残りの半数を緑にしたのだ。その結果、緑の紙に書かれた指示を受け取った学生のほうが、赤い紙を受け取った学生よりはるかによい成績を残した［チャン・T、ハン・B、二〇一四年］。

結論を言おう。もしも知的な論証で結果を出したいのであれば、赤は避けるべきだ。反対に、天性のリーダーとしての自分を印象づけたいならば、赤いネクタイがおすすめである［カーンほか、二〇一一年］。

赤いネクタイの愛好家と言えば、すぐに思い浮かぶのが政治家だ。彼らの赤いネクタイは、他人に強い印象を与えるが、政治家自身もまたこの色に影響されやすい。彼らの多くは、テレビに出ると「気楽にふるまっている」と思うが、ラジオ番組では、自分が「取るに足りない人間になった」ように感じるらしい。そう感じる原因の一つは、録音スタジオで、マイクが接続されているときに〈放送中〉という赤い光が点灯することではないだろうか。この光は、とくにラジオ番組のスタジオでは目につく（テレビ番組では、一般的に、放送中のカメラの上に、小さなＬＥＤ電球が一つ灯されるだけだ）。ラジオの司会者にとっては、この赤い光はおなじみだ。番組が始まってからずっと目にしているので、心強くさえ感じている。だが、ゲストの出演者のほうは、脳幹がぐらつき、能力が低下することもあり得る。スタジオ内の光の色を変えてみたら面白いのではないだろうか。緑にすれば、ゲストもいまよりずっとリラックスできると私は確信しているのだが……。

ここで、普遍主義者と動物行動学者とのあいだで交わされた、有名な論争に参加してみよう。赤が我々に影響を与えるのは、その波長のせいなのか、それとも文化的な象徴によるものなのか？

象徴は数多く存在する。たとえば、銀行家は、自分流の色彩感覚から、赤を着るのは好ましくないことを知っている。それでは、射撃の名手たちが、照準器付きの銃を構えて狙いを定めたその先――つまり悪人の胸の上――で踊っている小さな光は何色だろう？ どんなB級映画（モノクロ映画ではいけない）でも、その光は赤だ！ 消火器から下落株価まで、赤は我々に危険を告げている。だが今日、世界共通の代表例と言えば、道路の交通標識だ。赤い標識は「禁止」を意味する。「進入禁止」「追い越し禁止」「スピード超過禁止」……。もしもこれらの指示を守らないのであれば、「青い制服の公務員」〔警察官〕に会うことを自分に禁止すべきだろう……。

しかし、標識が赤で書かれるのは、赤が危険と禁止を意味するからだろうか、それとも、我々が勝手に赤を禁止の色だと決めたからなのか？　我々はいまや、文化に操作されているのだろうか？

どこが先天的で、どこが後天的であるかを解明するために、現在、科学者たちは幼児を対象にした調査に力を注いでいる。最近では、一歳の子供における先天的な好みについての実験が行なわれた。赤と緑のレゴブロックを見せると、子供たちはごく自然に赤を手に取る。しかし、怖い顔で睨《にら》みつけてからレゴを見せると、緑をつかむのだ［エリオット、二〇〇七年］。

このように赤が乳幼児を怯えさせるのならば、やはり色の特性は普遍的な性格を持っていると言えるだろうか。動物を観察していると、「赤の持つ影響力は、文化によって作られたのではなく、先天的なものである」という説がますます有力に思われてくる。

それでは問題を出そう。「動物も赤い色を怖がるのか？」――「イエス」と科学者たちは口をそろえる。ただし、当然ながら、赤を感知できる動物であれば、という条件付きだ。思い出していただきたい。闘牛場の雄牛が死の直前に見るのは、灰色のムレタ〔闘牛士が最後に持つ布〕だということを……。

赤が動物の行動に与える影響について研究した最初の科学者の一人が、ノーベル賞を受賞したニコ・ティンバーゲン〔一九〇七—八八。オランダの動物行動学者〕だ。六〇年ほど前、彼は、窓の外に郵便局の赤いトラックが停まると、水槽のなかの魚たちが頭を下げた攻撃態勢を取ることに気がついた。だが、この姿勢は本来、雄のライバルに出くわしたときにしか見せないはずだったのだ。

もっと厳密に、魚よりも人間に近い生き物について話すために、我々の近縁にあたるマンドリルを例にとろう。マンドリルは、世界で最も生息分布が広いサルだ。このマンドリルの社会では、赤は支配もしくは攻撃のサインとして使われる。雄の場合、顔と臀部と性器の赤さが戦闘能力の証であり、地位の象徴として作用する。赤ければ赤いほど、テストステロン〔男性ホルモンの一種〕の分泌が増して、攻撃性が増す。赤色の濃さが同程度の雄同士のあいだでは、威嚇《いかく》や激しい争いが頻繁に起こり、濃さに差がある場合は、普通は色の薄い雄のほうが引き下がる［セッチェル、ウィキングス、二〇〇五年］。

霊長類の話はここまでにして、今度はアトリと一緒に飛んでみよう。この鳥は、遺伝によって、頭部の羽毛が赤か黒になる特徴を持つ。そして、頭部の赤い鳥が黒い鳥を支配することが確認されている。偶然だろう、と思われるにちがいない。だが、これに興味を持ったあるオーストラリア人の女性科学者が、孵化《ふか》したばかりのアトリの幼鳥——頭部が赤い鳥と黒い鳥が交じっていた――の飼育を試みた。彼女はまず、頭部の羽毛に細工を施した。一部の幼鳥の頭部に「色を塗って」、全体を三つのグループに分けたのだ。つまり、頭部が赤いグループと黒いグループ、そして対照群として作られた青いグループである。彼女は面白半分に、赤い頭部を黒か青に塗り、逆に黒い頭部を赤か青に塗り替えたりもした。一部の鳥は手を加えられずに、生まれたときの色のまま残された。

こうして群れを作ると、彼女は二羽ずつを選び出し、給餌器《きゅうじき》の前で二〇分間、場所の取り合いをさせた。すると驚いたことに、すべての対決で赤い頭部のアトリが勝ったのだ。その赤が生まれつきの色かどうか、また取り合いを経験済みだったかどうかはまったく関係なかった。「色を塗ったことで、行動の攻撃性が増すことはなかった。彼らが餌《えさ》の奪い合いに勝ったのは、相手のアトリが餌の前で彼らと争おうとしなかったからである」と彼女は報告している。「すべての鳥が、赤く塗った鳥をひどく怖がった。それ以前に、赤い頭部を持つ鳥を見たことがなかったにもかかわらず……」と。

一回の対決が終わるたびに、彼女は双方の鳥のコルチノイドのレベルを測っている。コルチノイドは、ストレスの度合いを示す基準として信頼度が高いホルモンだ。そしてわかったのは、赤い頭部の鳥と向き合った鳥のコルチノイドは、相手の頭部が黒か青だった場合よりも五八パーセントも高かったことである。「何の体験もないのに、これらの鳥は赤に対して先天的な恐怖心を持っている」〔S・プライク、二〇〇九年〕

この実験から、人間社会でも、赤はこの色を身に着ける者に自信を持たせ、対する相手には恐怖心を抱かせることが推定される。赤は、大脳皮質のなかの理性を大きく揺り動かすことで、すべての神経を警戒させ、危険や失敗を最小にとどめることを可能にするのだ。

一部には、赤が恐怖心を呼び覚ますのは、つまるところは血の色だから、という説もある。たとえばコマーシャルでは、一滴たりとも血を見ることがない。「不安を与えるから」と広告関係者たちは言っている。生理用品の〝超吸水性〟をテレビで宣伝するさいにも、赤ではなく青い液体を用いるのが常識になっているほどだ。商品のデモンストレーションでは、広告制作者たちは、この青い液体のことを少々ふざけて「シュトロンフ〔ベルギーの漫画に出てくる架空の種族。青い肌をしている〕の生理」と呼んでいる。

我々が赤に不安を覚えるのは先天的なものだとしても、その現象を強化しているのは、我々の文化的な経験だ。赤は、たとえば学校ではトラウマを生み出す色である。小学五年生のグランジョ先生が、書き取りテストを返却するときのことを思い出してほしい。一瞬で点数がよいかどうかがわかってしまう……。答案用紙に書きこまれた赤いコメントの量を見るだけですむからだ。赤が多いほど点数は低い。学校は我々に、赤に対する恐怖心を増幅させ、赤とは失敗を際立たせるためのものだと理解するように教育したのだ。過ちを犯すと、我々を罰するために赤が現われると……。

先生方にお願いしたい。生徒たちの資質を伸ばしたいならば、赤いペンだけで採点するのをやめていただけないだろうか。どうして緑で評価を書かないのか？　子供たちも赤を見ると、思わず逃げ出したくなるような圧迫感を覚える。緑であれば、励ましだと思うだろう……。

リラックスさせる色・創造力を高める色

日常的な言葉では、「寒色を見ると心が落ち着く」という。科学者はもっと格調高く、「副交感神経組織は短い波長の色（青や紫）に刺激される」と表現する。これらの色は、身体の機能を活発にして、動脈圧を下げ、脈拍や呼吸数を減らす。こうした作用が、リラックスをもたらすのだ［リャオ、リュウ、一九九五年］。

実際の症例に応用された例を挙げよう。てんかん患者に青いコンタクトレンズを装着させたところ、被験者の七七パーセントにおいて、発作の兆候が減少したことが確認された〔カポヴィッラほか、一九九九年〕。

薄い色（淡くて明るい色）はリラックスさせる力が最も強く、認知機能を高めて細かい作業をはかどらせる。よく挙がる色名は、「黄緑」や「サルセル」〔小ガモ。枯葉色〕や「桃色」などだ〔ウェルズ、二〇〇一年〕。

しかし、いわゆる暖色にも、リラックス効果が確認されている色がある。ピンクだ。それを証明する非常に興味深い事例を挙げよう。立役者は雄弁なる科学者であり、アメリカ生物社会研究所所長を務めたアレキサンダー・シャウスだ。彼は一九七九年、シアトルのアメリカ海軍軽罪裁判所のベイカーおよびミラー両司令官を説得し、独房の壁をピンクに塗る許可を得た。もっとも、簡単に承諾が得られたわけではなかった。軍隊という男社会に、こうした色を持ちこむことが容易に認められるはずはなかったからだ。それでも、最終的にこの提案を受け入れてくれた両司令官への謝意を表して、シャウスはこのピンクに「ベイカー・ミラー・ピンク」という名前をつけている。そして、五カ月間の実験ののちに海軍に提出された報告書によると、このピンク色の独房に入れられた囚人は、一五分間もたたないうちに攻撃性が弱まり、与えられた作業も容易にこなしたという。さらに、独房を出たあとも、効果は少なくとも三〇分間持続したとされている。

これ以後、精神療法の分野では、リラクゼーションを行なう部屋にこのピンクを用いることが多くなっている。私自身もマルセイユのセレナ協会ル・ルレ病院の隔離室にこの色を使ったことがある。

このピンクをよく見かけるようになった場所としては、多動過多症候群の子供たちが通う学校のほかに、スイスの監獄が挙げられる。ベルンの監獄では、警察監置用の四独房と、重屏禁室の二独房は、さながら「バービー人形のお部屋」だ。ケン〔バービーの恋人〕がそこに拘置されたなら、さぞかし鎮静効果があるだろう！

アレキサンダー・シャウスは、ピンクについて「血圧を下げ、拍動を減らす効果がある。エネルギーをそぎ、攻撃性を弱めることで、精神を安定させる色である」と結論づけている。

ベルンの監獄については、冗談交じりでこんな悪口も聞かれる。「囚人たちの一部は、この色があまりに嫌だったから、ずっとおとなしくしていたにちがいない。あの独房に戻らなくてはならないと思うだけで耐えられなかったのだ」と。いずれにせよ、うまくいったわけである。

イスラエルの大学では、学生たちに、虐殺やレイプなどさまざまな事件に関する記事を読ませたあとで、判断の根拠を明確にしながら予審判事役を演じさせるという実験を行なった。そのさい、印象を記録するための表には、ピンクと白と青の三色を用意した。結果として、気持ちの動揺が最も少なかったのは、ピンクの表を使った学生たちだった。この例からも、ピンクが鎮静効果を持つことが確かめられる［ウェラー、リヴィングストン、一九八八年］。

リラックスした雰囲気は、創造力もかきたてる。それを証明する例は数多い。まず最初に、パソコンの画面について話そう。画面の背景の色は、仕事の進み方に影響を与えるだろうか？「与える」と、複数の調査における研究者たちの結論は一致している。

画面の背景を青にすると、単純作業がよくはかどる。だが、それ以上に、創造力が大いに高められる［ハッタほか、二〇〇二年］。

あるブレインストーミングで、画面の背景を赤に設定したパソコンと青に設定したパソコンの二種類を用意した。すると、青い画面のパソコンを利用した参加者は、赤い画面の利用者のほぼ二倍もの創造的なアイデアを考え出した。だが反対に、細部にまで注意が行き届いていたのは、赤い画面を使った参加者だった。また、参加者全員に広告のフィルムを見せたところ、赤の画面の利用者のほうが、見せられた製品について正確に描写できることも明らかになった［メータ、ジュー、二〇〇九年］。

この調査報告を読んだ日、私は自分のパソコンの画面背景に、赤と青の二色を設定した。その日の作業内容によって使い分けることにしたのだ。その効果は実に期待以上であった！

もっとも、ぜひともこの方法をおすすめしようとは思わない。とくに疑い深い人に対しては。「望ましい未来研究所」の所長マチュー・ボーダンも言うように「最悪でも、動けばいい！」のだから。

青が創造性に及ぼす影響力を示すために、別の例を紹介しよう。これは、非常に退行的な実験だ。成人の被験者たちに、レゴブロックで遊んでもらったのだ！　被験者は二つのグループに分けられ、一方のグループは指示を赤い画面で受け取り、他方は同じ指示を青い画面で受け取る。指令はいたって簡単だ。

〈これまで見たことがないようなものを作ること。制限時間は一時間〉

結果として、青い画面で指示を受けたグループのほうが、創造性豊かなアイデアを生み出した。これに対し、赤い画面のグループが出したアイデアは、実用的かつ堅実なものが多かった。

さらにもう一つ、彼らに与えられた指示は、異なった二〇個のブロックで子供のおもちゃを作ることだった。この結果も同様で、創造的なおもちゃの大半は「青のグループ」によって、そして機能的なおもちゃの多くは「赤のグループ」によって作られたのだ［エリオット、二〇〇七年］。

最近行なわれた信憑性《しんぴょうせい》の高い調査では、緑もまた創造力に効果を及ぼすことが指摘されている［リヒテンフェルト、エリオット、メイヤー、ペクラン、二〇一二年］。

学習意欲と生産性を高める色

四八枚の写真を見せられたとしよう。そのうち半数は白黒写真だ。数分後、別の写真四八枚をここに加える。こちらも半分は白黒だ。そこで、はじめからあった写真四八枚を選び出せと言われたならば……。おそらく、カラー写真の大半は見分けがつくが、白黒写真についてはほとんど記憶にないだろう［ウィヒマン、二〇〇二年］。

色は、我々の記憶に非常に大きな影響を与える。課題を覚えようとする場合、学習効率を五五パーセントから七八パーセント向上させてくれる［エンブリー、一九八四年］。実に素晴らしい！　しかも、丸暗記だけではなく、理解の手助けもしてくれる。色によって理解度は七三パーセントも上がるのだ［ジョンソン、一九九二年］。ラインマーカーやカラフルなプレゼンテーションを大いに利用しよう！

幼稚園でも、色を用いると、将来の数学者たちに数字を早く覚えさせることができる［バーリン、一九九八年］。

色が目覚ましい学習効果を上げるとわかっている以上、ぜひとも、学校の壁の色に関心を持つところから始めてほしいものである。

二〇世紀はじめ、オーストリアの哲学者ルドルフ・シュタイナー（一八六一―一九二五）は、ドイツのシュトゥットガルトに、たばこ工場「ヴァルドルフ・アストリア」で働く労働者の子供たちのための「ヴァルドルフ学校」を設立した。ここでは、授業に使用する部屋には集中力を高める色、遊戯用の部屋にはリラックスさせる色といったように、使用目的に合う色をそれぞれの部屋に塗った。そして、子供たちを、その性格（怒りっぽい、あるいは穏やかだ、など）に応じて、よい影響があると思われる部屋に入れたのだ。

その効果は、シュタイナーによれば、「目をみはるほど」だった。しかし、残念ながら、この試みは受け継がれることなく終わっている。

現在、惜しむらくは、教室の大半で目にする壁や調度品には、教育に適していない色が使われている。最も好ましくないものが、無色の環境だ。三年間に及ぶ調査［ヘナー・エーテル、一九七三年］から、白と黒と茶は学習能力を下げることが明らかにされている。なぜだろう? 主な理由は二つある。まず、子供の多くは、この三色を好まない。自分の部屋を真っ白に塗ってほしいと親にせがむ幼児などいるはずがないと、私は考える。それなのに、現実にはどれほど多くの子供が白い部屋を与えられていることか……。

もう一つの理由は、この三色がほとんど影響力を持たないことである。子供の集中力を高めることも創造力をかきたてることもなく、かといってリラックス効果もない色なのだ。

黄緑とオレンジと空色は、学習能力を高める。子供たちに人気のある色について、もう少し見てみよう。ピンクもまた、幼稚園で非常によい結果を生んでいる［ハミッド、ニューポート、一九八九年］。オレンジは、社会的行動を向上させる力も備えた素晴らしい色だ。青には、生徒の「注意力をそらせて」、想像の世界に旅立たせてしまう欠点がある。だがその分、想像力豊かな作文を書かせてくれる。このように考えると、部屋ごとに色を替え、教科によって選ぶことができれば理想的だろう。ただ一つ、主調色として使ってはいけない色が赤だ。子供たちを興奮させるおそれもあるが、それとは別に、学校とは息苦しくて、罰を与える場所だと思わせかねないからである。

おすすめしたいのは、四面の壁のうち、生徒が背を向けている壁だけに色を塗ることだ。他の三面が白いままであれば、この壁には濃い色を用いることができる。とくに授業によって使用する教室が替わる場合は、寒色の部屋と暖色の部屋を交互に作ることが望ましい。部屋ごとに異なった強い色を塗るのが理想的である。

原色を使いたくないと考える学校であれば、教室の壁を四面すべて塗るほうがいい。

成人に対する影響については、子供を対象とした調査結果がそのまま当てはまると言ってよいだろう。壁が白く、調度品も目立たない色合いの部屋よりも、色彩豊かな部屋のほうが生産性を上げる。白いオフィスは、従業員の疲労感を長引かせ、能率を下げる可能性がある［エリフ・オズトゥルク、二〇一〇年］。

色が鮮やかな環境では、作業の質も速度も高まり、ミスが減る。

それでは、白い壁と黒い調度品は避けるべきだとしたうえで、どのような色を選ぶべきだろうか？

ある実験で、被験者に、青もしくは赤を主調色とした部屋で一時間タイプライターを打ってもらった。すると、赤い部屋で作業した被験者からは活性化を示す数値が測定され、青い部屋の被験者では、リラックスを示す数値の上昇が確認された［クワレク、ルイス、ロビンズ、一九八八年］。同じ実験で、〈青と緑〉を組み合わせると、鬱《うつ》症状の度合いが上がり、活動レベルが下がることも明らかになった［エインスワース、シンプソン、カッセル、一九九三年］。

『サイエンス』誌に掲載された調査によると、人は赤い環境では集中力が高まり、青い環境では直感力に頼るようになる［メータ、ジュー、二〇〇九年／スティールによって論議された研究、二〇一三年］。

女性は、ベージュや灰色の環境では、明らかに能力が低下する。一方、男性は、紫の環境では作業の効率が低下する［クワレクほか、一九九六年］。

暖色が生産性を高めるというならば、その力は先天的なものだろうか、それとも後天的なのか？　幼稚園児を対象に、部屋の色（青・灰・ピンク）が、活動と身体的緊張に及ぼす影響が調査された［ハミッド、ニューポート、二〇〇二年］。結果は成人を対象とした場合と同様で、ピンクの環境では、青の環境よりも活動指数（体力と前向きな気持ち）が高くなることがわかった。

ピンクの環境では、子供たちの描く絵は総じて積極的になる。太陽は大きく、雲は少なく、多くの笑顔があふれる。これは、ピンクの部屋にいる子供たちは、バラ色の人生〔フランス語で「ピンク」を表わす言葉は「ローズ」である〕を見ているという証だ。

人間工学や環境心理学に関する調査も、同じ結論に達している。色――とくに暖色――は、生産性と働く喜びを高める力を持っている［コバヤシ、サトウ、一九九二年／ムカエ、サトウ、一九九二年］。

納得させる色

ある保険会社を例にとろう。一部の顧客が、保険料の支払いを忘れたり、遅らせたりしている。そこで、抜け目のない会計主査はあることを思いつく。請求書の重要な三項目〈請求額・支払期日・支払先〉をカラー印刷しようというのだ……。

さて、請求書の三カ所に色をつけただけで、このアメリカの保険会社は、それまでより平均して二週間早く保険料の支払いを受けることができるようになった［HP調査、カナダ」。

色は注意を引きつけ、行動を促す。カラー写真は平均で二秒間あまり、人の視線を引きつける。これに対して、白黒写真は三分の二秒しか見てもらえない。白黒の広告は、カラー広告よりも効果が四二パーセント低いということになる〔ホワイト、一九九七年〕。

二〇〇三年にゼロックスは、カラー複写機の販売にさいして、宣伝資料における色の重要性について顧客にアンケートを行なった。すると、回答者の九〇パーセントが、客を納得させるためには色が不可欠だと答えたのだ。

二〇〇九年にヒューレット・パッカード社は、さらに踏み込んだ調査をヨーロッパで行なった。

九カ国において、従業員の代表に「中立的な意見」に関するアンケート、つまり回答者にとっては、一見してまったく興味のわかない質問を行なったのだ。回答用紙は色違いで四種類（青・黒・緑・赤）作成され、その意見に関して、「賛成」「反対」あるいは「どちらでもない」を記入するようになっていた。

結果は非常に興味深いものだった！　「どちらでもない」（否定でも肯定でもない）という回答は、青の用紙の四七パーセントと黒の用紙の四三パーセントを占め、緑の用紙の二八パーセントと赤の用紙の一九パーセントより格段に多かった。この傾向は、フランスではさらに強くなる。「どちらでもない」が青の用紙では六三パーセント、黒の用紙では五一パーセントになったのだ。

さらにこの調査からわかったのは、過激な意見と赤との関係である。赤の用紙では、賛否にかかわらず極端な意見が二九パーセントを占めた。これは黒の用紙の一〇パーセントと比べると、三倍近いことになる。

だが、この結果で最も驚かされるのは、緑の用紙を用いた回答者の半数以上（五三パーセント）が、提示された文章に賛同していることだ。黒の用紙では三六パーセントにすぎない。緑は人を納得させる力が非常に強い色だと言えるだろう。

セクシャルな色

性交渉の回数と寝室の主調色（壁やシーツや家具）とのあいだには関係があるのだろうか？　二〇〇〇名の人たちが、寝室のカーテンの色と、その部屋で週に何度ベッドインするかについて答えてくれた［イギリスの大型雑貨店〈リトルウッズ〉の調査、『デイリー・メール』

紙、二〇一二年」。集計の途中では、赤（週に三・一八回）が断然トップを走っていたが、ゴールラインでモーブ（三・四九回）にかわされた。そのあとは、かなり引き離されながら、白（二・〇二回）、ベージュ（一・九七回）、灰色（一・八回）が続いた。

赤が先頭集団に入っていることは、驚くにあたらない。その根拠となるのが、アメリカの研究者グループが最近行なった面白い調査だ。それによると、ヒヒやチンパンジーなどの霊長類では、雌が赤いものを身につけるのは、肉体交渉を求めていることを雄にはっきり伝えるためだという。なるほど、そうかもしれない。それでは、人間の女性はどうなのだろう？　そこで、研究者たちは、情熱的な恋とオルガスムスを求める女性たちがどのように装うのかを知るために、出会い系サイトを調査した。そして、プロフィールの写真かららわかったのは、いわゆる浮気性の女性は、真面目とされる女性よりも、赤い服を着る頻度がはるかに多いことだった［エリオット、パズダ、二〇一二年］。

独身女性には赤い服を着ることをおすすめする。そうすれば、男性の心のなかに――少なくともベッドのなかに――入りこむことができるだろう。赤は、あらゆる雄をその気にさせる色だから！

偶然と思われるかもしれないが、女性のヒッチハイカーが赤い服を着ていると、男性ドライバーが停まってくれる確率は二倍になる［ゲガン、二〇一〇年］。

これも偶然のようだが、レストランのウェイトレスが赤い服を着ると、多額のチップをもらえる［ゲガン、ジャコブ、二〇一二年］。

ある実験で、被験者の男性たちに、ほどほどに美しい女性たちの写真を見せた。写真の背景は白もしくは赤だ。すると、彼らの平均的な感想は、赤を背景とした女性のほうがずっとセクシーに感じられるというものだった。同様に、赤いTシャツを着た女性を、緑のTシャツもしくは青のTシャツを着た女性と比較してもらうと、大多数の男性が、赤いTシャツを着た女性に会いたいと答えた。また、デートの費用を多く負担してもかまわないと感じる相手も、やはり赤いTシャツの女性だった［エリオット、二〇〇八年］。

さらに驚かされるのは、被験者の誰一人として、この実験の主旨を見抜けなかったことだ。いや、事実を知らされたあとでさえ、全員が、自分の判断に限っては色の影響はほとんど受けていないと答えている。このように、我々は色が与える影響のごく一部しか意識していない［バルビュル、ワイスクランツ、ハーロウ、一九九九年］。つまり、色は誘惑の手段として恐るべき力を発揮するのだ。

男は、赤い服を着た女性に対しては、相手が子供でも大人でも、すぐに本音を明かし、わかりあっているように思いこんで、個人的な質問を始めるものである［カイザー、エリオット、フェルトマン、二〇一〇年］。

女性のほうでも、他の女性が赤い服を着ていると、それが男を誘惑するためだと無意識に感じ取る。赤を着た女性は、磁石のように男たちを引き寄せる。だから仲のよい友人だなどと思ってはいけない。奥様方に忠告しておこう。赤い服を着た女性が、たいしておかしいこともないのに、あなたのパートナーを前にはしゃいでいるとしたら、彼女はすでに性的脅威になりはじめている。用心することだ。とくに、彼がその女に気をそそられているならば、決して油断しないようにすべきである［パズダ、プロコプ、エリオット、二〇一四年］。

ところで、男性が赤い服を着た女性に惹かれるのは、セックスにしか興味がないからだと決めつけてはいけない。彼らは子孫のことも考えている。生まれつき赤色（もしくはピンク）の服を好む女性は、多産系だと明らかにされているからだ［ビール、トレーシー、二〇一三年］。

女性はまた、排卵期には無意識に化粧が濃くなり、赤い口紅を好むようになる［ゲガン、二〇一二年］。一七七〇年、イギリス議会は、赤い口紅を禁止する法律を採択した。この法律には「結婚してもらうことを目的として、男性を誘惑するために化粧を施した罪に問われた女性は魔女と見なす」と規定されていた。

それでは、男性が赤い色を着用するとどうなるのだろう？　これについては、残念ながら、男性諸君は別の方法を見つけるべきだろう。がっかりさせる結果が出ているからだ［エリオットほか、二〇一〇年］。赤い服を着たからといって、とくに女性に好かれるようにはならない。相手がホモセクシャルならば、と期待する人もいるだろうが、その場合も効果はないとお答えしよう。

効果がないだけではなく、男性が赤い服を着て女性を誘惑しようとすると、よほど恵まれた容姿でないかぎり、かえって印象が悪くなる［ブフナーほか、二〇一四年］。

要するに、赤は、女好きの男に妙な気を起こさせる色である。かつての遊郭が、表に赤い灯をともして客を呼んだのも、ちゃんとわけがあるということだ。

女性方に、髪の色についてお話ししておきたいことがある。男というのは、ブロンド女性のために何かしてやるのが楽しくてたまらないものだ。たとえば、ブロンド女性がヒッチハイクをしているのを見ると、男は喜んで車を停めるだろう［N・ゲガン、L・ラミー、二〇〇九年］。いや、女性であっても同じだ。停める確率は男性ドライバーの半分になるけれども……。

ある調査のために、一人の女性が、毎日違う色のかつら（ブロンド・褐色・赤）をつけてナイトクラブに通った。そして、一人の研究者が、まるで嫉妬深い夫がするように、彼女に声をかけてくる男性の数を数えたのだ。ブロンドのかつらをかぶって出かけたクラブでは、六〇人の男が誘いをかけてきた。褐色のかつらのときは四二人、そして赤毛のときは一八人だった。ここから二つの結論が導かれる。まず一つは、この女性はかなりの美人らしいということだ。なぜなら、多くの独身女性にとって重要なのは、髪の色はどうあれ、男性に誘われるかどうかだが、彼女はたった一晩で一八人を記録したからである。そしてもう一つは、もっと真面目なもので、髪の色が女性の魅力に大きな影響を与えることが証明されたのだ［ゲガン、二〇一〇年］。

ブロンド女性は、平均して少なくとも一歳は若く見られる。そして同時に、健康そうな印象を与える。だが、プラチナブロンドの女性は、そのつもりはなくても、男性と親密な関係を持ちたがっているように思われる［マッツ、ヒンツ、二〇〇〇年／J・メンゲル＝フロムほか、二〇〇九年］。

アメリカの『ヴォーグ』誌と『プレイボーイ』誌――グラマラスでセクシーな女性を見ることができる――の四〇年分を集計すると、表紙を飾っている女性の四〇パーセントがブロンド女性だった。実際には、ブロンド女性の割合は、アメリカ女性の五パーセントにすぎないのだが［リッチ、キャッシュ、一九九三年］。

もっとも、何事にも両面がある。髪が輝くからといって、ブロンド女性がいつも光り輝く存在として扱われるとはかぎらない。

ブロンド女性をからかう冗談が数多くあるのはご存じだろう。これらは、残念ながら、ブロンド女性は褐色の髪の女性よりも頭が悪いという思い込みから生まれたものである［マニング、二〇一一年］。

こうした思い込みから、職業人としての実績に差が生じる。職に就いて数年後の収入は、ブロンド女性よりも褐色の髪の女性のほうが多い傾向がある。金融業界のような男性社会では、ブロンド女性は褐色の髪の女性よりも数が少ない。仕事をこなせないと思われるからだ。その証拠に、二〇〇五年の時点で、ロンドン市場では五〇〇人の女性トレーダーが働いていたが、ブロンド女性はその五パーセントにすぎなかった。イギリスの人口の一割以上がブロンドであるにもかかわらず……［アケダほか、二〇〇六年］。

ヒッチコックは、自分の監督するサスペンス映画には、洗練されたブロンド女優しか起用しなかった。彼特有の率直な物言いによれば、「上流階級の女性たちが寝室で娼婦になるというコントラストが好き」だからだ。「グレース・ケリーからキム・ノヴァク、エヴァ・マリー・セイント、ティッピ・ヘドレンといった女性たちは、生贄《いけにえ》になるのにふさわしい」と彼は続けている。「彼女たちが純白の雪のようであるがゆえに、血みどろの足跡が効果的に映るのだ」と。

逆説的に言えば、褐色の髪の女性は、もしもブロンドだったらと考えると、男性の目にはもっと美しく見えるはずだ……。完璧に有能な女性らしく見られるために、ブロンド女性は髪を赤く染めたがる。先に述べたロンドンの証券取引所における調査では、赤毛の女性は通常の人口比率のなんと四倍になることがわかった。そして、偶然かもしれないが、同じ女性でも髪を赤くすると、性的魅力が減じてしまうものである［スワーミ、バレット、二〇一一年］。

男性の場合は、ディスコで初対面の女性をダンスに誘うとき、髪が褐色かブロンドならば、ジョン・トラボルタがユア・サーマンに出会ったときと同じくらいのチャンスがあるだろう。だが、赤毛だとすると、一晩じゅう一人で踊りつづけることになりかねない［ゲガン、二〇一二年〕。

多少とも、性的欲望をそそることができるかどうか、もう一つの決め手は目の色だ。女性方にお知らせしておこう。もしも青い目をお持ちならば、同じ青い目の男性たちが引き寄せられてくるだろう。私がこれを書いているまさにこのとき、レオナルド・ディカプリオは、青い目のマーゴット・ロビーに夢中になっている。それは、突然変異に由来する劣性遺伝――すなわち彼の紺碧《こんぺき》の目――を子孫に受け継がせようという無意識の力が働いたからにちがいない。両親ともに青い目をしていると、子供たちも同じように青く美しい目を持つ確率が高くなるからだ。

緑や茶や黒の目を持つ男性は、とりたてて青い目の女性に惹かれはしない。そして、彼らにとって幸いなことに、青い目の女性は、男性の目が青いかどうかを、好きになるための条件にはしないものである〔レングほか、二〇〇七年〕。

茶色の目の男性は、自分の目の色が「平凡」だという不満を抱きがちだが、面白いことが証言されている。目が茶色の男性は、青い目をした男性よりも信頼感を抱かれやすいのだ〔クライスナーほか、二〇一三年〕。

さて、色と誘惑に関する項目の締めくくりとして、イグアナ科のクビワトカゲを紹介しよう。このトカゲは、首のまわりに輪状の模様があるために、色のついた首輪をしているように見える。雌の首輪は黄色だ。雄の首輪は、複数の雌と暮らしているときはオレンジに、相手が一匹だけのときは青になる。首輪がオレンジの雄は、他の雄に対して非常に攻撃的で、結果として広いテリトリーを確保し、そこに多数の雌を住まわせる。一方、首輪が青い雄は、闘争心も低く、小さなテリトリーで雌一匹と暮らすことに満足する。こうして、色のある世界のなかで、それぞれがふさわしい場所を得てすべてがうまくいくはずだった。

ところが自然は、一部の雄に、雌と同じ黄色の首輪を与えるという不実な行為を犯した。その黄色い首輪の雄たちは、テリトリーを守るという退屈な仕事をせずに、雌としてふるまおうとする。つまり、オレンジの首輪の雄が作ったハーレムに入り込むのだ。そして、手当たりしだいに雌と交わり、雄だとわかったとたんに、妻たちを寝取られて激怒したオレンジの雄に追い出されることになる。ラ・フォンテーヌ風に、この物語の教訓を述べてみよう。「物事を判断するときに、決して色を信用してはならない」と。

色とスポーツ

あなたが武道の審判員だとしよう。ビデオ画面で、テコンドーの試合を判定するように頼まれる。どの試合でも、一方の選手は赤い防具を、他方の選手は青い防具をつけている。この防具の色は、専門家としてのあなたの公平な審判に影響を与えるだろうか？

ドイツのミュンスター大学に在籍するスポーツ心理学者たちが、四二人のベテラン審判員を対象としてある実験を試みた。まず、審判員の半数に、試合のビデオを見せる。次に、残りの審判員たちに同じビデオを見せるが、そのさい機械操作を加えて、選手の防具の色を逆にしておくのだ。結果はどうだったか？　同じ試合であるにもかかわらず、青い防具をつけている選手のほうが、赤い防具をつけている選手よりも、一三ポイント多く獲得した。もちろん、実力差が大きければ判定が変わることはない。だが、拮抗している場合には、色が違いを生むことになる［ハーゲマン、二〇〇八年］。

このほかにも、審判員自身は気がついていなくても、実は影響を受けている色がある。黒だ。サッカーの試合では、黒いウエアを着た選手は反則を取られやすい［フランク、ギロヴィッチ、一九八八年]。

その証拠となる実験を紹介しよう。原理はテコンドーの実験と同じだ。プロの審判員たちを二つのグループに分けて、サッカーの試合のビデオを見せる。そのなかに、笛を吹くべきかどうか判断が分かれる場面が含まれている。第一のグループが見たビデオでは、問題となるプレイを行なった選手は黒いウエアを着ている。一方、第二のグループが見たビデオでは、同じ場面で選手のウエアは別の色に変えられている。

結論を述べよう。サッカーの試合の審判は、黒いウエアの選手に対しては、笛を吹いたりカードを出したりする頻度が多くなる。

審判から試合結果に話を移そう。まず最初に、レスリングのグレコローマン・スタイルを取り上げたい。四年ごとに、オリンピックでお目にかかる競技だ。日本の相撲に少し似ているが、異なるのは、選手が(太っていない点も違っているが)青もしくは赤の派手なレオタードを着用する点である。レスリングはしばしば「観客よりも選手のほうが多い競技」と揶揄《やゆ》される。それはともかくとして、近代オリンピックが始まってからの全試合を見てみると、赤いレオタードの選手が勝つ割合が六七パーセント、つまり三分の二以上にのぼるのだ[ダラム大学]。

赤は、団体競技にも影響を及ぼすと思われる。イギリスのサッカー・チームを見てもらいたい。リヴァプール、マンチェスター・ユナイテッド、アーセナルと、赤いユニフォームを着用するチームが、第二次世界大戦以降、チャンピオンズリーグの六九タイトルのうち三九を獲得している！［アットリル、二〇一二年、プリマス大学］

これはおそらく、相手の選手が赤ではなく白いユニフォームを着ているほうが、ゴールキーパーにとっては、ペナルティキックを止める自信を持ちやすいためだろう［グリーンレスほか、二〇〇八年］。逆に、ゴールキーパーが鮮やかな色のユニフォームを着ていると、攻撃側選手は委縮する。ゴールキーパーのユニフォームを選ぶ権利はホームチームにあるので、相手チームをひるませるために、蛍光色を着用するケースが増えている。

もしも、あなたのお子さんが、将来はプロのダーツ選手になって、イギリスのパブでプレイしたいと言い出したなら、あきらめさせようとするにちがいない。だが、もしも説得できなかったなら、鮮やかな色の矢を使うようにすすめたい。そうすれば得点が伸びるだろう。どうせやるなら下手であるよりはいいはずだ……［イーソン、スミス、一九八〇年］。

色がスポーツに与える影響については、現在ではどの大学でも、ほぼ同じ結論を出している。スポーツにおける赤の効果に疑問を呈する研究者（アムステルダム大学のポレとペパーコーンなど）はごくまれだ。だが、この説が、成績を残せなかったチームの言い訳に使われることもある。一部の選手からは、ユニフォームの色に不満を抱く声が上がるようになっている。

たとえば、ワイオミングのアメリカン・フットボール・チームは、非常に幸運なことに、UPS〔ユナイテッド・パーセル・サービス。貨物運送会社〕をゼネラル・スポンサーとして迎えた。だが、UPSのロゴは茶と黄なのだ！　この二色は、商品配送人の制服やトラックの車体には、まだなんとか似合うかもしれない……。しかし、アメリカン・フットボールのユニフォームとしては、よい効果はとうてい望めない。選手たちは、黄色いショートパンツと茶色のシャツを着ることに違和感を抱いている。そして、大敗するたびにそれを理由にするのだ……。

シカゴ大学のアメリカン・フットボール・チームのコーチは、選手たちの休憩室には青いロッカールームを使い、サイキング・アップ（闘争心を高めるために、試合前に行なう心の準備）には赤いロッカールームを用いている［エトニエ、ハーディ、一九九七年］。

アメリカン・フットボールに関して、少々悪賢い人物を紹介しよう。ハワイ大学の元コーチだ。彼は、「ベイカー・ミラー・ピンク」の話〔七二ページのアメリカ海軍軽罪裁判所の話〕を聞いて、ビジター用のロッカールームをピンクに塗れば、相手チームの闘志が鈍るのではないかと考えた。

そうすれば、ハワイ大学チームの勝つチャンスが増えて、彼自身も名門大学から引き抜かれるかもしれない、と。だが、現実には、「ビジターチーム」は彼のキャリアプランに協力するどころか、内装の色合いに疑念を抱き、ウエスタン・アスレチック・カンファレンス（WAC。アメリカ西部と南部の大学スポーツ競技を運営するリーグ）に苦情を申し立てたのだ。WACはあからさまに侮蔑の色を見せたあとで、規則に一つの条項を追加した。「ビジター用のロッカールームは、ホストチームのロッカールームと同じ色でなくてはならない」と。現在ハワイ大学には、ピンク色のロッカールームが二つあるのか、件《くだん》のコーチは大出世を遂げたのか、それについては不明である〔『ホノルル・スター・ブリティン』紙、一九九九年一〇月二一四日付〕。

色と味覚

人間は、洞窟に住んでいた頃からすでに、赤い色のキノコはオムレツには向かないことや、青い果物はまだ「熟していない」ことを知っていた。古代から、我々は、周囲にあるものの危険やその長所短所の一部を色で判断してきた〔モロン、一九八九年〕。しかし、判断とは主観的なものである。それゆえに、間違えることもしばしばだ……。
コーラをオレンジ色に着色すると、ファンタオレンジなどの炭酸飲料と間違えやすい［サカイ、二〇〇四年］。

生のオレンジジュースが好まれるスペインで、大学教授たちがある実験を行なった。同じオレンジジュースを、手を加えないそのままのものと、赤く着色したものと、緑に着色したものに分け、三種類のジュースとして被験者たちに試飲してもらったのだ。

結果として、ほぼ全員が「真っ赤な」オレンジジュースをいちばんおいしいと感じ、「緑がかった」ジュースは酸味が強いと答えた［フェルナンデス＝ヴァスケスほか、二〇一三年］。

似たような調査を、大手の乳飲料メーカーが行なった。色の重要性を確かめるために、ヨーグルトの着色料を入れ替えて「パイナップル味」を赤く、「イチゴ味」を黄色にしたのだ。すると消費者は、赤いヨーグルトをイチゴ味、黄色のヨーグルトをパイナップル味と思いこんだ。もっとも、色の操作を指摘されると、全員が思い違いに気がついている。

これらの実験により、我々が直感的に、色と味覚を結びつけていることが明らかになった。一般的にピンクは砂糖を、緑は塩を、オレンジは胡椒《こしょう》を、黄は酸味を連想させる［ディヴァール、ユリアン、二〇〇〇年・二〇〇一年／コッホ、コッホ〔二人のコッホ〕、二〇〇三年］。青は食品のなかで最も少ない色だ。一部のキャンディーとカクテルを除けば、目にすることはないと言ってよいだろう。

さらに、製品の色の透明度も、味覚に大きな影響を与えることがわかっている。ある実験では、香辛料入りのケチャップを消費者に試食してもらった。被験者には知らせていなかったが、この三種類のケチャップに適した色を決めるために、色の濃さに差のある三種類は色の輝度を変えただけで、味はまったく同じだった。その結果、色が濃いほど、香辛料も多いと感じることが明らかにされた［パーシー、一九七四年／シーマー、レヴィタン、二〇一四年］。

子供を対象とした調査でも同じような結果が得られた。フルーツシロップの味を変えずに、色の彩度だけ変化させたところ、彩度が高いほど味も濃く感じられたという［パンタン＝ソイエ、二〇一一年］。

味覚と色の関係は、子供の肥満を防止するのに非常に有効と思われる。色の彩度を上げることで、糖分を摂取したという満足感を与え、その分、実際の砂糖や脂肪の含有量を減らすようにしたらどうだろう？

食品業界では、かなり前から、製品の色の重要性が認識されている。食品の包装に六ポイントの活字で（それ以上小さいと読みにくいため）印刷された成分表示には必ず、Ｅの文字に続いて一〇〇から一八二までの数字が記されている〔Ｅ番号は欧州連合（ＥＵ）内で決められている分類番号。ＥはEuropeのＥ〕。これが食品用着色料、つまり料理人がカラリストとなって使用する色見本の番号である。食品着色料の使用が始まったのは最近のことではない。たとえば辰砂《しんしゃ》（Ｅ一二〇）は、肉桂の色を出す硫化水銀だが、太古の時代から料理に用いられている。

承認されている食品着色料には三つのタイプがある。天然着色料（Ｅ一五〇のカラメルなど）と、自然界に存在するけれども工業的に生産されている合成着色料と、自然界には相当するものがない人工着色料（Ｅ一三一の青など）である。

ＥＦＳＡ（欧州食品安全機関）は、すべての着色料の無毒性を管理している。二〇〇七年、一部の化学着色料が、子供の活動過多を助長するのではないかという論争が起こった。それ以後、キャンディーに使われていた彩度の高い合成着色料は、テンサイもしくはホウレンソウの搾り汁を主成分とする別の着色料に替えられている［ギヨー、二〇一一年］。いずれにせよ、このほうがよさそうだ。

ユダヤ教とイスラム教の信者にとっては喜ばしいことに、使われている着色料の九割は、それぞれの教えに従って処理されている。これとは逆に、ヴェジタリアンは、少なくとも二回に一回は、そうと知らずに動物を原料とする着色料か、もしくは原材料不明の食品用着色料を口にしている。というのも、人工的な着色料の場合、製造業者は原料の明記を義務づけられていないからだ。ここで、ヴェジタリアンの方々のために、原料が明記されている食品用着色料のなかから、動物性食品を含むものを挙げておこう。番号は以下のとおりである。E一〇三、E一一一、E一二四、E一二八、E一四三、E一七三。

シェフたちは、カラリストさながらに、ピザを真っ赤に、ミントシロップを緑に染めて楽しんでいる。ただし、冷凍のミントシロップがお好みならば、着色料は使わない。生のミントシロップと冷凍のミントシロップは、目隠しをして食べ比べると区別がつかないほど味が似ているからだ。

消費者テスト——購買層ごとに行なわれることが増えている——によって色を決める方法もしばしば行なわれる。食欲をそそるのに適した色というのは、文化によって大きく異なるからである。

たとえば、アメリカでは、殻《から》が茶色の卵は売れない。逆に、殻が白い卵はフランスでは見かけない。マヨネーズは、フランスでは黄色でなくてはならないが、大西洋を渡ると白くなる……。

さらに複雑なのは、同じ国のなかでも、色に対する期待がまったく逆になる場合があることだ。リンゴを例にとろう。人によっては青リンゴしか食べない。だが、青リンゴを化学添加物にまみれた人工リンゴとしか思わない人たちもいる。そうした人たちは、青リンゴの酸味をひどく不快に感じる。彼らの多くがおいしいと感じるリンゴは、見かけの悪いリンゴだ。何色と言えばいいのだろうか、うすぼんやりとした黄色で、少々オレンジがかっていて、茶色にも見えるような……。ただ、はっきり言っておこう。目隠しをして試食してもらうと、青リンゴの愛好家たちはこの茶色のリンゴのほうがおいしいと感じ、茶色のリンゴの愛好家たちはその逆を答えることがあるのだ。

ありがたいのは、こうした文化的な好みのおかげで、さまざまな種類のリンゴが（減少傾向にあるとはいえ）いまなお市場に出回っていることである。

それでもやはり色は、その製品の色として「受け入れられる」ものでなくてはならない。たとえば、ステーキに青い色をつけたならば、まず食べることはできないだろう［パンタン゠ソイエ、二〇一一年］。おそらく、遠い祖先の誰かが青い食べ物に毒を盛られたことがあるにちがいない。だからそれ以来、青い色をした食べ物をむやみに食べないようにという強い警告が、無意識に出されているのだ。

最終生産物の色の色合いと色価（明暗）と彩度は、食欲をそそるかどうかだけではなく、市場で何が求められているかによっても決められる。たとえばブリオッシュは、色が濃いほど手作り感があり、色が薄いほどカロリーが低いように思われる。同様にパンは、味や説明や値段には関係なく、色が濃いほど栄養価が高く、ライ麦が多く含まれているように思われる［ピーターソン、一九七七年］。

食器の色も、味覚に大きな影響を与える。たとえば、ホットチョコレートは、白や赤のカップよりも、茶色やクリーム色のカップで飲むほうがおいしい［ピクラス・フィッツマン、二〇一二年］。またコーヒーは、透明なカップよりも白いカップで飲んだほうが、こくがあるように思われる。なぜなら、コーヒーは白いカップに注いだほうが色が濃く見えるが、色が濃いほど味も濃く感じられるからだ。

同じソーダ水を、色の異なる複数個のグラスに注ぐと、清涼感の度合いがグラスによって違うように感じる。青のグラスで飲んだ場合が、いちばん渇きが癒《いや》されるように思われ、続いて緑・赤・黄の順となる［ゲガン、二〇〇三年］。

皿を選ぶときには、先に述べた同時対比の概念が、料理を引き立てることを知っておこう。ニンジンは青い皿（補色にあたる）に盛りつけると、よりおいしそうに見える。

もしも太りたくないならば、料理の色から最も離れた色の皿を使うことをおすすめする。たとえばスパゲティ・ボロネーゼの場合、赤い皿を使うと多めに、白い皿であれば少なめに盛りつけがちになる。逆にライスならば、白い皿にはたっぷりと、濃い色の皿には控えめによそいたくなるだろう。

結論として、食欲増進のためであれダイエットのためであれ、皿と料理の色の対比を最大限に生かすことを考えよう。

意識していなくても、人は料理を最初に目で味わう。東洋でも西洋でも偉大な料理人は昔からそれを知っていた。日本では、小さな安食堂であっても、その盛りつけは、皿のなかの色合いに細心の注意が払われた、崇高なまでに美しいものである。ほんのりとオレンジがかったショウガが添えられていない寿司の皿など、日本では想像もできない。ショウガがなければ美しさが減って、その分味も落ちてしまうだろう。たとえ、そのショウガには手をつけないとしても……。

目は、間違いなく味覚に対して最も影響力を持つ器官である。もしも機会があったなら、友人と一緒に、パリにある「ダン・ル・ノワール（暗闇のなか）」というレストランに行っていただきたい。その店では、漆黒の闇に包まれた部屋のなかで、目の見えない人たちが給仕をしてくれる。なによりも有意義なのは、ハンディキャップを持って生活することがどのようなものかを知って、立場の逆転を体験できることだ。このレストランでは、視覚障害者が、客を席に案内し、給仕をしてくれる。グラスを出すさいに、グラスの上に手をのせてくれる。指が濡れたならば、水が満たされているというわけだ。

そして、最も注目すべきは、他者との関係が完全に変わることである。同席者のなかで誰が話しているのか、誰が誰に向かって話しているのかを理解しようとして、必然的に耳を澄ませることになる。視覚を奪われることで、あらためて友人の声を発見する。つまり、完全に聴く側になるのだ。

そして、ひどくまごつかされるのが、何が皿に載っているのかを想像するときである。ぜひともサプライズメニューを注文してほしい。これは、自分が食べた料理を当てるゲームだ。見えないことで味覚は変化する。舌ざわりや風味に注意することで、味を再発見できる。打ち明けてしまうと、私は完璧な焼き具合の魚をとてもおいしく食べたつもりだったが、実際は子ヒツジのソテーだったのだ。

色と嗅覚

嗅覚もまた、色に大きく影響される。それも、人が思っている以上に！

ボルドーの大学で興味深い実験が行なわれた。醸造学部の学生五四名に、ＡＯＣ（原産地統制呼称）ボルドーワインの白ワインを嗅いでもらい、何の香りがするかを尋ねたのだ。答えは、蜜、バター、アーモンド、レモン等……。要するに、白ワインの伝統的な香りであり、まるで偶然のように、白っぽい色をしたものばかりだった。続いて、このワインに無味無臭の赤い着色料を混ぜて、同じ質問をした。すると、未来のワイン醸造者たちが嗅ぎ取ったのは、サクランボ、カシス、イチゴ等……。赤ワインに用いられる素材であり、これもまた偶然のように、赤もしくは濃い色のものばかりだった［モローほか、二〇〇一年］。

色は自然に、固有の匂いと結びつく［ギルバート、マーティン、ケンプ、一九九六年］。緑に着色したオレンジジュースの匂いを嗅ぐと、かなりの確率でレモンジュースと間違えるだろう。

もちろん、コーヒーは、コーヒー色の包装をされているときが最も香りが強く感じられる。チョコレートボンボンも、チョコレート色の箱に入っているときがいちばん香りが強くなる。また、イチゴシロップも、赤ければ赤いほどイチゴの匂いが強くなるなど、ほかにも多くの例がある［ゼルナー、ウィッテン、一九九九年］。

同じ理由から、青緑色のクッキーであれば、ミントの香りがしないと消費者は納得しないだろう。そのため、香りのある商品を作る側にとっては、商品や包装の色を吟味して選ぶことが重要になる。しかし、これがなかなか難しい。

ベチベルソウから作られる香水を例にとろう。名前の響き〔フランス語ではヴェチヴェール〕から、誰もが緑〔フランス語でヴェール〕がかった色を連想するだろう。ところが、ベチベルソウはまったく緑色をしていない。そこで、緑色にするために、アルコールを変色させなくてはならないのだ。

同じく重要なのが、色の彩度を加減することである。彩度が高いほど、匂いも強く感知される［コザほか、二〇〇五年］。わかりやすい例が、シャワージェルだ［ガティほか、二〇一四年］。

最後につけ加えると、我々は強い匂いを嗅ぐと、無意識に暗い色を連想する。逆に、明るい色の製品は、軽やかな香りを連想させる［ゼルナー、カウツ、一九九〇年］。

このように色調と色価と彩度は、嗅覚に影響を与える。よって、適した色を選ぶことは非常に微妙な作業であり、細心の注意を払わなくてはならない。

一九八八年に、ソシエテ・ビック社〔BIC。フランスの筆記具メーカー〕が、香水を売り出したときに犯した大失敗が、よい教訓になるだろう。思い出してほしい。ビックは四種類の香水を、ライターに似た形の小瓶に入れて、手頃な価格で提供した。市場調査にも金を惜しまなかった。香水をタバコ屋で買うことができるうえに、値段は五分の一なのだ。この「贅沢の大衆化」というアイデアに、消費者はとびつくものと思われた。香水そのものも、優秀な調香師が腕をふるって（こっそりと）仕上げた製品だ。消費者テストでは、目隠しをした被験者たちが、この四種類の香水を含ませた紙片のすべてを「いちばんつけたいと思う香り」に選んでくれた。しかも、同系統の香りのなかで最も売れている製品をはるかに引き離してのことである……。ファンドマネージャーたちはすでに、この四色（紺・黒・緑・赤）の瓶に入った香水がもたらす札束の匂いを嗅いでいるかのような気分になっていた。

しかし、色については、まったく考慮されていなかった。製品の認識には、視覚のほうが匂いよりも大きな影響を与える。だから、香水だけではなく包装の色についても調査すべきだったのだ。

この香水のシリーズは、暗い色（紺と黒）と非常に彩度の高い色（緑と赤）の容器に入れて売り出されたため、香りが強すぎて繊細さに欠けると思われた。焦げ臭さを連想させる色のせいで、発売と同時に、消費者からは決定的に拒否された。売り出し失敗は、誰の目にも明らかだった。

匂いと色の結びつきは、文化によっても変化する。

ここにオランダ人、中国人（オランダ在留）、ドイツ人、マレーシア人、中国系マレーシア人、アメリカ人がいるとする。彼らに一四種類の匂いを嗅いで、それぞれの匂いから連想する色を答えてもらおう。

これは、ドイツの研究者たちが最近行なった実験である。結果は非常に興味深いものだった。まず、同一文化のなかでは、匂いから連想する色が、非常に似通っていることがわかった。

たとえば、石鹸の匂いは、マレーシア人には、ほぼ例外なく青か黄を連想させる。だが、オランダ在留の中国人は、同じ匂いから緑と栗色を連想するのだ。

結論を述べよう。匂いから連想される色が最も似ていたのはドイツ人とアメリカ人である。そして最もかけ離れていたのが、ドイツ人と中国系マレーシア人だった［レヴィタンほか、二〇一四年］。

商品もしくはパッケージの色

パッケージとは、客の心をとらえるように製品を包装する技術である。一九五〇年代に、缶入飲料セブンアップがパッケージの黄色味を一五パーセント増やしたところ（中身はそのままで）、消費者からはレモンの風味が増しておいしくなったという感想が寄せられた［チェスキン、一九五七年］。

今日、「包装」の世界は、劇的な変化を遂げつつある。印刷技術の進歩により、どんなに奇抜な形の包装も作ることができる一方で、消費者はメーカーに対し、エコ環境に配慮して基本的に包装を簡素化してほしいとの要望を出している。

包装の形については、専門家によれば、一般に男性は角張って固い形を好み、女性は丸みを帯びた形や曲線に惹かれるという。

もっとも、文化の違いによっては、体裁に多少の調整を加える必要がある。たとえばケンタッキーフライドチキン（KFC）は、日本に進出するさいに、ボール紙製の〈バケット〉の見直しを迫られた。日本人は、〈バケット〉にチキンがぎゅうぎゅうに詰めこまれているのを見て、ひどく下品なうえに信用できないと感じたからだ。渡されたときに、下のほうに入っているチキンが見えないことが原因だった。そこで、ＫＦＣは日本の〈お弁当〉を手本にして研究し、「きれいに見せる」ことに成功した。つまり、すべてのチキンを平らに並べたのだ。おかげで、日本の〈バケット〉は、販売価格がアメリカの二倍になった。しかし「こうしてよかったと思っています」と、ＫＦＣの大河原社長は、日本的な微笑みを浮かべながら断言する。アメリカのやり方に従っていたならば、ケンタッキーは日本に定着しなかっただろうと確信しているからだ。

もちろん、包装や製品の色も、買い物のさいに決定的な力を発揮する。購買客の九二パーセントが、購入にあたって、色は重要な役割を果たすと答えている。そして八四パーセントは、購買基準のなかでいちばん大切だとまで言っている。この数字がどれほど説得力を持っているかは、手触りを重視すると答えた客がわずか六パーセントであることからもわかるだろう。聴覚と嗅覚にいたっては、合わせても一パーセントに届くかどうかというありさまだ。もちろん音楽関係の製品や香水は別としての話だが……［ソウル・インターナショナル・カラー・エキスポ、二〇〇四年］。

このように、色は最も重要な要素である。買い物をするときに、第一印象はとても大切だ。三人のうち少なくとも二人が、製品を判断するのに色を最も重視しているのである（CCICOLOR：色彩研究所）。製品そのものに魅力がないほど、色が決め手になる［ルーレ、二〇〇四年］。あまり関心のない品物を買う場合がそうだ。考える時間が短いほど、色が重要になる。色を認識するには、一〇分の一秒あればすむが、デザインを確かめたり、包装に書かれた説明書きを読むには、もっと時間がかかるからだ。

買ってもらうためには、見た瞬間に認識されることが必要だ。スーパーマーケットで買い物をするとき、我々は三〇分間で平均二万もの商品を視野に入れている。買うかどうかの決定は、六〇〜七〇パーセントが売り場でなされるだけに、とにかく目をとめてもらうことが肝心だ。

同じ売り場に、競合する製品が多数ある場合には、色は、そのシリーズのグレードを見分けるのに役立つ。裕福な欧米人は無彩色の製品を好み、低所得層は鮮やかな色を選ぶ傾向があると考えられている。

たとえば、ＳＥＢ〔グループセブ：フランスの調理器具・家電メーカー〕は、家電製品のブランドを複数持っているが、商品の位置付けによって色を決めている。トースターとコーヒーメーカーを例にとろう。いちばん安価なシリーズの〈ムーリネックス〉では、赤や鮮やかな黄や緑など派手な色使いを楽しむことができる。中間価格帯の〈ロヴェンタ〉は、白や黒やシックな赤など地味な色に限定される。そして、富裕層向けの最高級シリーズ〈クルップス〉になると、プロの品質を際立たせる黒かステンレス製に統一されている。

製品の知名度が低い場合もまた、色はより重要となる［ルーレ、二〇〇四年］。新しい製品が開発されると、マーケットリーダーによって、市場における格付けが行なわれる。あとに続く競合商品は、差別化を図りながらも（少しだけだ。違いすぎてはいけない）、基準となった色を守ることで、すぐに認知してもらうことができる。たとえば、赤と白以外のコーラは考えられない。ペプシコーラのロゴには青が入っているが、主調色は、歴史的な市場リーダーであるコカ・コーラの赤と白を変えていないのだ。

ある色が、ブランドの色としてひとたび定着したならば、今度はそれを守ることが重要になる。すでに市場に出回っている製品の場合、陳列棚で目にとめてもらえるかどうかは八〇パーセントが色で決まる［ロヨラ大学メリーランド校、二〇〇七年／キスメトリクス、二〇一〇年／モートン、二〇一三年］。オレンジのないエルメスは考えられない。これは、第二次世界大戦当時、物資不足のパリでは、印刷業者が調達できる箱がオレンジ色しかなかったことに由来し、現在にいたるまでエルメスをイメージする色となっている［サゲ、二〇〇七年」。もっとも、九〇年代には、この色を「時代遅れ」と見なして、放逐しようとする動きがあった。だが、幸いなことに、モードとは永遠の繰り返しだと知るエルメスは、自らの遺伝子に組みこまれたこの色を保持している。

超過当競争社会である化粧品業界では、多くのブランドは、象徴となる独自の色を持っている。そこに加わるのが、市場において商品のタイプを示す基準の色だ。たとえば、シャンプーのコンディショナーでは、赤は染めた髪用、黄は乾燥した、もしくはいたんだ髪用、そして青はフケ防止用とされている。

こうした取り決めのおかげで、消費者は迷わずにすむ。牛乳売り場では、パッケージの説明を読まなくても、成分無調整（赤）か、低脂肪（青）か、無脂肪（緑）かがわかるからだ。

一部には、新しい色を使って「コードを破ろう」とする試みもある。もしもそれが「コードを破る楽しみ」のためであるならば、非常に危険なことに思われる。消費者を迷わせるおそれがあるからだ。逆に、マーケティングの観点から正当な理由があれば、大きな効果が望めるだろう。私としては、形態を大きく変えるのは、根本的な変更があったときに限るべきだと考えている。二〇〇七年に、ラクテル〔フランスの牛乳ブランド〕が、妊娠中もしくは授乳中の女性向けの瓶入り牛乳を発売したとき、子供時代を思い出させるような淡いピンクを選んだのは実に正解だった。エビアン〔フランスのミネラルウォーターのブランド〕は、この淡いピンクをラベルに使用し、さらにキャップを薄い青にしている。間違いなくこの色合いが、エビアンを赤ちゃんに飲ませるのに最適の水だと思わせているのだ。

破壊的な「コード破り」を見せた国際例の一つが、一九九八年にアップル社が発表したｉＭａｃシリーズの刺激的な色だろう。黒やアイボリーといったコンピューターの飾り気のない世界で、これはまさしく革命だった。アップル社は「親しみやすいコンピューターをお届けします」という簡単なメッセージを出している。マイクロ・コンピューターのフロン越しに斬新な風が吹いていることを、彩度の高い色が鮮やかに物語っていた。だが、重要なのは、たんなる宣伝効果を狙ったのではなく、実際の〈製品〉に価値を与えるために、こうした色が選ばれたことである。ＭａｃＯＳは、マイクロソフトの開発システムとはまったく異質な商品だった。リンゴのロゴは、すぐさま競合会社に模倣された。そのため、アップル社の製品としてあらためて識別してもらうためには、色を排除せざるを得なくなる。現在では、シリーズの製品であることをわかりやすくするために、白とメタリックの普通のコンピューターのみが提供されている。

今日では、ほぼすべての製品が国外での販売を想定しているため、色を決めるさいには、コードを破らないように文化の違いも考慮しなくてはならない。最近では、キャドバリー〔イギリスの菓子・飲料メーカー〕が、世界各国で紫色の板チョコを販売しようとした例がある。イギリスでは、このパッケージは良質で贅沢な印象を与えるとして大好評だった。しかし、まずいことに、台湾では、紫は粗悪品を象徴する色と見なされている。そこで、キャドバリーはごく単純に、中国向けの商品に限って、パッケージを別の色に変更した〔ウッテン、二〇一一年〕。同様に、ホンダも販売戦略のミスから、インドで黒いスクーターの売り出しを試みた。だが、インドでは、黒は不吉の前兆と見なされている。そのため、黒いスクーターは、エンジンが故障して事故を起こすだろうと思われた。それを知ったホンダは、同じスクーターを色鮮やかなシリーズに替えて売り出し、売上げ高を急激に伸ばしたのである。

文化の違いは孤立した国ではとくに重要だ。たとえば中国でも、旅行経験のある人は国際感覚を身につけているだろう。だが、国内から出たことのないその他一〇億人に対しては配慮が必要である。中国では、包装は暗い色よりも明るく色鮮やかでコントラストの強いものを用いたほうがいい〔アスラム、二〇一一年〕。「ブリンブリン」〔派手でギラギラした様子を表わす擬態語〕とは、まさに中国を表わしているかのようだ……。そして、知っておいたほうがいいのは、とくに女性がけばけばしさを好むということだ［ベルク＝ヴァイツェル、ラー、二〇一一年］。

わずかな例外を除けば、マーケティングの専門家は、男性用品には濃い色を使いたがる。一般的に、男性は専門性と効能を求めるからだ。そして、この濃い色が、子供たちには嫌われる。パッケージの色にとりわけ敏感な子供たちは、暗い色を見ると不安を覚えるのだ［Kid'setteens' mirror ⓒ Junior City, 二〇一二年／ヘムフィル、一九九六年］。また、セクシャルな淡い色は、女性専用にされやすい。

たとえば、ある石鹸メーカーは、ピンクのケース入りの石鹸を売り出したが、これは最初から男性は購入しないものと見なして、女性客をターゲットとしたからだ。また、色は、重さの感じ方にも影響する。重いかどうかの印象は、色に大きく左右されるものである。軽く思われる順番に並べると、緑、ターコイズ、黄、モーブ、赤、青となる［ペイン、一九五八年］。

さらに、製品の大きさを判断しなくてはならないときのために、知っておこう。暖色（黄—赤）の物体は実際よりも大きく、寒色（青—緑）の物体は小さく見える［デリベレ、一九九六年］。

信頼性が求められる場合は、濃い色のパッケージが製品の品質や丈夫さや重要性を高めることを覚えておこう。ただし逆もある。たとえばスペインでは、濃い色のパッケージは、非常に高価だと見なされる［アンプエロ、ヴィラ、二〇〇六年］。反対に、明るい色合いの包装は、無害で壊れやすく、質が低い印象を与える［ルーレ、二〇〇四年］。そしてスペインでは、手に入れやすいと感じさせる［アンプエロ、ヴィラ、二〇〇六年］。

逆説的に、広告では、同じ製品であっても、黒い画面よりも白い画面で宣伝したほうが、消費者の購買意欲をそそる［カレクラス、ブルネル、コールター、二〇一二年］。

クラフト紙のパッケージは、バイオテクノロジーで作られているか、少なくとも〈環境に優しい〉製品だと思わせる［ブラウン、グローク、二〇一四年］。

すでにお話ししたことだが、パッケージの色によって、匂いの強さは異なって感じられる。コーヒーは、パッケージがコーヒー色をしているときのほうが強く香るのだ！［ゼルナー、カウッ、一九九〇年］。さらに、コーヒーのパッケージの色は味覚にも影響する！ある実験で、ありふれた形の箱を色違いで四個準備し、それぞれの箱の前に同じコーヒーを展示してから、試飲をしてもらった。すると大部分の人が、茶色い箱の前に置かれていたコーヒーは濃く、黄は薄く、赤はこくがあり、青はまろやかだと答えたのだ。四杯のコーヒーがまったく同じ味であることに気がついた被験者は一人もいなかった「ゴードン、フィンレー、ワッツ、一九九四年」。

セルジュ・ゲンスブールが「コーヒー・カラー」〔ゲンスブールの作曲した歌のタイトル〕を好んだように、世界じゅうで何百万もの人々が、ジョージ・クルーニーが宣伝するネスプレッソ・コーヒーの色を愛好している。これは、色を利用した市場開発の成功例だ。ネスプレッソは、創意あふれる発想で、実に便利なカプセル方式を生み出した。マシンにセットされたカプセルが注ぎだすブラックコーヒーは、エスプレッソ・コーヒーメーカーを備えたカフェのコーヒーに匹敵する味わいを持っている。ネスプレッソは、非常に目立つ色のカプセルを使うことでコーヒーを特徴づけ、それによって革新的なコンセプトを際立たせようと考えたのだ。味にうるさいコーヒー愛好家であっても、好みにぴったりのカプセルを見つけることができるだろう。

実に素晴らしい発想ではないか！　薄い色のカプセルには薄い味のコーヒー、濃い色のカプセルには濃いコーヒーと、すべてが理にかなっているように思われる。それなのに、どうしてカフェインレス・コーヒーのカプセルが赤なのか？　赤が興奮させる色であることは誰もが知っている。興奮したいからとカフェインレスのコーヒーを飲む人はいないだろう。ケアレスミスなのか？　他の主要メーカーでは、カフェインレス・コーヒーの色は青とされている。あえてコードを破ることに何の利益があるのだろう？　色がまちまちになると、カフェインレスかどうかがわかりにくくならないだろうか？

ライバル社たちはそろってこうした疑問を抱いた。しかし答えは見つからぬまま、それまでの路線を維持することになる。つまり、ネスプレッソと一緒に売られている他メーカー――たとえばロール・ド・メゾン――のカフェインレス・コーヒーは青である、と。こうして、カプセルのカフェインレス・コーヒーを愛飲する人々は混乱させられることになったのだ。

多くのブランドが色の重要性を知って、独自の色を持つようになっている。例として、オランジュ〔フランスの大手携帯電話会社〕、フランス郵政公社、UPS（ユナイテッド・パーセル・サービス）、ハインツ、Tモービル、BP（ブリティッシュ・ペトロレアム）などが挙げられる。

しかし、難しいのは、その色を保持することだ。靴のデザイナー、クリスチャン・ルブタンと、彼の靴を強烈に印象づける真っ赤な靴底がその例だ。彼は、イヴ・サン＝ローランやザラやエデン・シューズが、赤い靴底を模倣したとして訴訟を起こした。現在までのところ、自分の色を守ろうとする彼の訴えはすべて退けられている……。

ところで、パッケージには、時には逆の使い方もある。売れなくするような色を見つけることだ！　タバコの撲滅を目指す政府は、タバコのパッケージからロゴを除き、全体的に暗い色調にすることに意欲を見せている。というのも、淡いピンクのパッケージは、いかにも魅力的で、しかも体重を減らす効果があるように思われるため、若い女性を惹きつけてしまうからだ［ドクシー、ハモンド、二〇一一年／グリーンランド、二〇一三年］。

洗濯物が最も白くなる色

ずっと前から、色を使って消費者を「誘惑」してきた分野がもう一つある。マーケティングの殿堂、つまり洗剤業界だ。一九五〇年代に、プロクター・アンド・ギャンブルは、おなじみの白い粉末洗剤に、色のついた粒を混ぜることを思いつく。そこで、粒の色を決めるために、マーケティングのスタッフが、主婦を対象とした一連の実験を行なった。粒の色が黄・赤・青と異なる三種類の洗剤が用意されたが、当然、洗浄力は同じに設定されていた。しかし、主婦たちの感想は、黄は「洗いが足りない」、赤は「布地が傷む」、青は「汚れがよく落ちる」というものだった〔グロスマン、ワイゼンブリット、一九九九年／レイクトリング、二〇〇一年〕。

もう一つの興味深いケースは、液体洗剤だ。コルゲート・パーモリーブ〔アメリカの多国籍企業〕が、液体洗剤に最も適した色を選ぶための実験を行なった。色だけを替えた洗剤を数種類用意し、主婦たちに数週間にわたって試してもらったのだ。もちろん主婦たちは、まったく異なる洗剤を比較していると信じ込んでいた。そして、ほぼ全員が、黄色の洗剤が脂分を最もよく落とすと答えた。だが黄には、緑ほど清涼感がないという欠点がある。また、抗菌性が最も高く、それでいて自然に最も優しい洗剤は、透明で色がない。結局、すべての長所を備えた色は存在しないことがわかった。そこで、消費者の心理的欲求に応じるため、黄と緑と透明の液体洗剤が販売されることになる。

現在では、ピンクの液体洗剤も売られているが、これは手が荒れにくい印象を与える。マパ〔フランスのゴム手袋・スポンジのメーカー〕の手袋の色だからだろうか？

歯磨き剤も同様に、色によって効用が異なるように感じられる。だから、一部の歯磨き粉は、三種類の着色料を使って「トリプル・アクション（三つの機能）」を強調している。

色と薬理学

色を意図的に用いるもう一つの分野が、医薬品産業だ。それも、まだ産業とは呼ばれていない頃にさかのぼる。かの有名なパラケルスス〔一四九三―一五四一。「医化学の祖」と呼ばれている〕は、一六世紀にすでに、薬の色と形を見ればどの器官に作用するかがわかると考えていた。たとえば、クサノオウ〔ケシ科の草本植物〕の乳液は黄色なので、同じく黄色の胆汁を生成する肝臓に効くと主張したのだ［ルモワーヌ、一九九六年］。今日、緩下薬は茶色にしたほうがよく効くとされているのも、同じ理由からだろう。

だが、赤いプラシーボ（偽薬）が、赤以外の色をした本物の鎮痛剤と同程度の効果を生むとわかったことから［ハスキッソン、一九七四年］、薬自体の効能を、「プラシーボ」効果によってさらに大きくするために、色の選択に気を配るべきだと考えられるようになっている。

客観的に見て、精神安定剤（オキサゼパムなどのベンゾジアゼピン系の抗不安薬）は、赤や黄よりも緑の錠剤のほうがよく効く。「赤」と「鮮やかな黄色」は、興奮させる色と見なされているからだ［ルモワーヌ、一九九六年］。薬物による治療では、錠剤が大きいほど効能も大きい。ただし、小さな糖衣錠は、赤や黄のほうがよく効くように感じられる［ホワイト・ハウス・コミッション、二〇〇四年］。

良質の睡眠を得るには、なんと言っても青い睡眠薬がふさわしく、オレンジは絶対に避けるべきだと、複数の実験が結論づけている［カターニョ、一九七二年／ルッチェリ、フィリプッチ、一九七〇年／ブラックウェル、ブルームフィールド、バンチャー、一九七二年／ルッチェリ、カターニョ、ザットーニ、一九七八年］。痛みに対しては、白と青と緑の錠剤が最も鎮痛効果が高い［ホワイト・ハウス・コミッション、二〇〇四年］。

患者の不安を和らげるには、緑の丸剤が有効だが、鬱《うつ》症状に対しては、黄色の丸剤にまさるものはない［シャピラほか、一九七〇年］。

薬の効果の感じ方も、色によって変化する。彩度が同じ場合、効果が大きい色から、赤・黒・オレンジ・黄・緑・青・白の順になる［サリス、バッカルー、一九八四年］。これは、性別や継続中の治療の有無には影響されない。彩度が高い色ほどよく効く薬だと思われる［オズグッド、スチ、タネンバウム、一九五七年］。

パッケージの色も同じく重要だ。パッケージの色が濃いか、もしくは暖色（赤・オレンジ・茶）の場合、「効果が大きい」ばかりでなく即効性もあると見なされる［ルーレ、二〇〇四年］。よって、喉の痛みや頭痛などの軽い症状を、早く治したいときに服用する薬の包装として最適である。

緑と黄の包装は、軽い症状やホメオパシーに向いている［オズグッド、スチ、タネンバウム、一九五七年／アダムス、オズグッド、一九七三年］。

注意すべきは、ジェネリック医薬品は、必ずしもこうしたカラーコードを遵守していないことである。ジェネリック医薬品はあまり効かないと、患者が「感じる」理由はここにあるのではないだろうか。ジェネリック医薬品全般が、もっと彩度の強い暖色で作られ、濃い色のパッケージで販売されたならば、効能もずっと大きいように思われて、患者の受け止め方もよくなるにちがいない。プラシーボ効果と同じ原理だ。こう考えるのは、薬を常用している人は、これまでの薬と色の異なるジェネリック医薬品を処方されると、指示どおりに服用しなくなる傾向があるからだ［ケッセルハイム、二〇一三年］。

ちょっと面白い話をしよう。薬の色が独特の期待を抱かせるという事実が、多様な文化にまたがっていることの実例だ。トーゴ共和国の首都ロメにあるバティック布地の市場では、「ママ・ベンツ」と呼ばれる女性たちが、どこで作ったのかもわからないようなカプセル入りの薬を、袋にぎっしり詰めて売っている。そして、客たちに、「この色は頭痛に効く」「この色は腹痛を治す」などと説明しながら薬を選ぶのだ。そこで、これらの薬を分析・鑑定してみたところ、驚くべきことがわかった。なんと「ママ・ベンツ」の見立てはほぼ正しく、それぞれの症状に効能のある薬を渡していたのだ［ルモワーヌ、一九九六年］。

色と購入の動機づけ

さまざまな分野に関して、マーケティングのプロたちが、「色の大いなる再来」をメディアに触れまわっている。それはよいとしよう。いくつか例を挙げてみたい。マニキュア産業は、二〇〇六年から二〇一三年のあいだで、一部のブランドに二〇〇色以上を提供することで売上げ高をほぼ二倍にした。なるほど、これもよいだろう。髪を赤や青や緑に染めることは、もはや、セックス・ピストルズのようなパンク・ファッションの専用ではない。これもよいとしよう。ドライバーが選択できる車体の色はかつてないほど豊富になっている。よいだろう。色見本で知られるパントンが、椅子やマグカップやランプにも色を提供して成功を収めている。これもよしとしよう……。

しかし、よく見ると、わずかな例外（マニキュアやパントンなど）を除けば、売れる色は……黒か灰色、もしくは白である。

アメリカの企業グループ、デュポン社は、主に車体用塗料を製造する会社だが、定期的に発表する「自動車人気色報告書」のなかで、世界じゅうのドライバーに好まれる色のランク付けをしている。上位三色は、白、黒、メタリックの灰色だ。しかも、他の色を大きく引き離し、この三色で全体の四分の三を占めている。そしてさらに驚かされるのが、世界のどの国でも、この三色がドライバーに人気の上位三色であることだ。テキスタイルについては、色とりどりのショーウィンドウを眺めてから周囲を見回し、人々の装いを確かめてほしい。色があまり目に入らないことがわかるだろう。また、住居の壁や職場や多くの商店（食料品店以外）を見てみよう。マーケティングの議論で語られるか、販売促進の手段にされる場合を除けば、現実社会において、色はかつてないほどに存在感を失っている。

売上げに影響するのは、値札の色である。調査によれば、電気掃除機の売り場では、男性は他の色よりも赤い値札で示された価格を信頼しがちだ。この傾向は、製品の性能に興味がないほど強くなる［ジェイコブス、二〇一三年］。

一方、女性は、値札の色はあまり気にしない。しかし、色彩豊かな売り場では、財布の紐がゆるみがちになる。だから、無色（白や灰色）や薄い色ではなく、派手な色を売り場に使えば、利益を上げることができるだろう［ルーレ、二〇〇四年］。ただし、シャネルのような高級店は例外だ。そうした店では、黒と白がカラーコードの一部になっているからである。

我々は誰もが、無意識のうちに色に引き寄せられる［メラビアン、ラッセル、一九七四年］。それなのに今日、どれだけ多くの色のない店が、毎日開店（そして閉店）しているのだろう？　一部の色が、多少とも購買意欲――とくに色に敏感な女性の――をそそることは明らかにされている。壁や調度品を黄やリラ（薄い紫色）にすると、何度も来たいという気持ちを起こさせる。逆に、緑は購買意欲を減少させる［ルーレ、二〇〇四年］。

ところで、買い物をするには、まずは売り場に入らなくてはならない！　ショーウィンドウや店の外装に最も適しているのは、「知覚神経を活性化する」色の上位三色――順番にオレンジ・赤・黄緑――を取り入れた、非常に彩度の高い暖色である［ブレングマン、二〇〇二年］。暖色の店は、入りたいという気持ちを起こさせる。外装が赤いと、青い場合に比べて、購入予算が四五パーセントも増えるのだ！［ベッリッツィ、ハイト、一九九二年］

逆に、売り場のなかに入ると、暖色は無言のうちに圧迫感を与えるおそれがある。したがって、内装（陳列品、壁や調度品の色）は、断じて寒色のほうがよい［シャイエ、ハイス、一九六四年／クラインズ、コーン、一九六八年／ベッリッツィ、クロウリー、ヘイスティ、一九八三年］。小売店の内部に寒色を用いると、客はくつろいで長く滞在し、時間をかけて品物を選ぶので、結果として購入額が増えることになる［ベッリッツィ、ハイト、一九九二年／バビン、ハーデスティ、サッター、二〇〇三年］。

こうした調査結果は、オーシャンとカルフールで行なわれた実地テストで、十分過ぎるほど裏付けられた。そこで現在、これらのスーパーマーケットでは、外装にはきわめて彩度の高い赤が用いられ、内部は寒色系でまとめられている。

ところで、店舗の外装を好きな色に塗るのは、とくにオスマン式と呼ばれる都会の建物の場合、必ずしも容易なことではない。だが、案ずるには及ばない！　アジアにおける衣服業界の覇者ユニクロが、二〇一二年、オペラ座地区に旗艦店をオープンさせるにあたって、この問題を解決してみせた。店の中央に続く階段の蹴り込み板に、赤いＬＥＤ電球をつけたのだ。往来からも目に入るこの電光掲示板に、文字が次々と現われて消えていく。これは、少なくとも三つの理由から、非常に賢い方法だと思われる。第一は、強烈な赤い光が、数十メートル先からでも注意を惹きつけることだ。店の外壁は、法令を遵守しているために、実際はどっしりとした石造りだが、この赤い光のおかげで、暖色であるかのような印象を与える。第二は、赤い文字が流れていくので、おのずと、消える前に読んでおこうという気持ちにさせることだ。その結果、「セール」だの「新着商品」だのといった伝えたい情報を、しっかり受け取ってもらえることになる。

だが、きわめて巧妙な第三の仕掛けは、電球の光に誘われた蛾《が》のように、客が赤い光に引き寄せられて店に入っても、ひとたび階段を上がれば、もはやLEDは目に入らず、寒色の空間に包まれることである。この落ち着いた雰囲気のなかで、「流行を追う人たち」は、ゆったりとした足取りで、自分の服を見てまわり、時にはパートナーや子供たちの服も物色する。試着もいとわない。結果として、客の平均購入額は増えていく。

同様に見逃せないのは、レジまわりに暖色を使っていることだ。これに刺激され、客は最後に安価な品物——靴下、バッジ、カフスボタンなど——を衝動買いするようになる。

接客の場に暖色を用いることには、別の利点もある。店のスタッフから「よそよそしさ」が薄れて、親しみやすく感じられるのだ。「大切な客として扱われている」と思わせることは、高額の衝動買いをさせ、再度の来店を促す重要な条件となる。レジの色として効果があるとわかっているのは、赤と紫の二色だ［クロウリー、一九九三年］。

暖色が非常な効果を発揮するもう一つの場所が、カジノの室内である。ポーカーに似たカード・ゲームで、リスクを冒す場であるる賭博場では、青と赤の光（蛍光管による照明）が非常に大きなインパクトを与えることがわかっている［スターク、サウンダース、ウーキー、一九八二年］。内装を青よりも赤にしたほうが、より多額の金額が、より過激な方法で賭けられるようになる。

また、消費者を「興奮」させたい場合もある。たとえば、ファストフード店では、長居をせずに、次の客に席を譲ってほしいと考える（持ち帰りをしてくれたならもっとありがたい）。その場合、鮮やかな暖色のコントラストを際立たせると、回転率を高めて、席の占有時間を減らすことができる。まるで偶然のように、世界じゅうのマクドナルドのカラーコードは赤と黄だ。この二色は非常に暖かく、活性化効果が高い色である。ただしヨーロッパでは、ファストフードの概念から離れて、ちゃんとしたレストランだと思わせるために、マクドナルドの赤は緑に替えられている。緑には、商品が新鮮で、少なくとも自然の素材だという印象を与える長所がある。

衝動買いを起こさせるもう一つの方法は、蛍光色と同程度まで彩度を上げることだ［ルーレ、二〇〇四年」。このような色は、高級店でも少しずつ目にするようになっている。シヨコラティエのピエール・エルメの店が最近使っている色をぜひとも見ていただきたい。チョコレート色の壁を、極彩色の光がまばゆいまでに照らし出す。思わずすべての商品を買ってしまいたくなるほどだ。

同じく大切な要素となるのが明度だ。これについてはあらためて説明したいが、強い光は——とくに冬や暗闇で——弱い光よりも活性化効果が高く、衝動買いを促す［ファン・ボメル、ファン・デン・ベルト、二〇〇三年／サマーズ、ヘバート、二〇〇一年」。LED電球は電流の流れ方によって色を変えることができるので、現在では、季節ごとに室内の雰囲気を変えることも容易になっている。戸外が暑いときには涼しく感じられるように、またセールの期間中は熱気をあおるようになど……。商品や顧客に最も適した色を選ぶために、さまざまな温度を試すことも可能だ。

これまでいろいろと述べてきたが、忘れないでいただきたいのは、色から受ける印象は個人の性格によって異なることである。外交的で刺激を好む客であれば、内装が深紅で騒々しい店を気に入るだろう。だが同じ店でも、内向的で、にぎやかさが苦手な客は逃げ出すにちがいない。

同じことが、一二月二四日の午後六時半に、どうしても妻へのプレゼントを見つけなくてはならない客にも当てはまる。この客は、暖色を主調とした店でしか品物を決めることができないだろう。彼が求めているのは、買い物をする楽しみではなく、購入における効率性だからだ。

現在では、色に最も敏感なのは一五歳から二四歳の女性であり、最も無関心なのは年配の男性だとされている［アクチャイ、セイブル、ダルジン、二〇一二年］。

色とネットショッピング

中古の任天堂Ｗｉｉをネットで売るとしよう。写真の背景は何色にしたらよいだろう？これについて、アメリカの研究者たちがある実験を行なった。同じゲーム機を、背景が青と赤とニュートラルグレイの三種類の画面に載せて、色の影響を調べたのだ。その結果、背景を青にすると、赤にした場合よりも、品物の品質もしくは状態がよく見えることがわかった［キム、ムーン、一九九八年］。これはよいとしよう。

それでは、同じゲーム機をイーベイのネットオークションで売る場合はどうだろう？

背景が青か無彩色の場合、付け値はおだやかに上がっていくだろう。だが、赤にすると、攻撃的な買い手に「火がついて」、予想もしなかった額に達するはずだ。

反対に、ネット上で買い手と交渉しながら売るならば、背景を赤にするとまずい事態を招くだろう。買い手が、価格を下げようとして執拗に交渉してくるからだ。つまり、うまく交渉するには、背景を寒色にしたほうがよい。

それでは、交渉せずに定価で売りたい場合（アマゾン）はどうだろう。背景を赤にすると、買い手は、希望価格を一割下げるように交渉してくることになる［ラジェッシュ・バグチ、アマル・チーマ、二〇一〇年］。

結論として、売り値が最も高くなるのは、品物を赤い背景で競売にかけた場合である。そして、最も低くなるのは、同じ品物を、同じく赤い背景で、要交渉もしくは定価で売りに出したときだ。両者の価格の開きは実に二〇パーセントになる！

次に、あなたがグーグルで働いていると想像しよう。ある朝、起きがけに、ふとこう思う。「もしも色が行動に影響を与えるならば、リンクテキストの色を変えることで、グーグルの売上げを伸ばすことができないだろうか？」と。

グーグルで働いていて便利なのは、情報科学の天才が周囲にたくさんいることだ。そこでちょっとしたテストが行なわれた。世界じゅうのあらゆるインターネットの検索エンジンに、五〇種類以上の青を使ってみたのだ。少し灰色がかった青、少しくすんだ青、少し赤味のある青など……。ということは、二〇一二年、あなたも私もあなたの兄弟も、そうとは知らずに、微妙に異なる青色五〇色を使った無作為の実験に参加させられていたわけである。

この実験で、どの色のリンクテキストが何回クリックされたかを計算することにより、グーグルは、世界じゅうで最もクリック率の高い青色を特定した。この結果は、公式会見で発表されている。そして選ばれた青は、二〇一三年、検索エンジンの利益を二億ドルも増やしてくれたのだ［『ガーディアン』紙、二〇一四年］。この調査を思いついた人物は、その朝なんと気分よく目覚めたことだろう。

マイクロソフトの検索エンジン〈ビング〉も、この調査のことを聞きつけた。しかし、やみくもに努力することもなく、さっさと同じ色をリンクテキストにコピーして、八〇〇〇万ドルも増収している。

好きな色はよい効果を与えてくれる

これまで見てきたように、女性はベージュや灰色の環境では能力を発揮できない。そして男性は、オレンジや紫の環境では、力を十分に生かせなくなる。この現象は、色の好みに関する性差によって説明される。

一般的に、そして世界じゅうで、青は誰からも好かれる色だ。これは一時的な流行ではない。青は一八世紀からずっと、圧倒的な支持を得てきた［パストゥロー、二〇〇五年／ルーレ、二〇〇四年］。ある大がかりな調査を、五〇〇〇名以上を対象として行なったところ［エリス、フィセク、二〇〇一年］、男性がはっきり好きだと答えた色は、青（四五パーセント）が緑（一九・一パーセント）を引き離して一位だった。そして女性は、青（二四・九パーセント）よりも緑（二七・九パーセント）を上位に挙げている。また、女性は暖色（ピンクや紫）を好み、男性はとりわけ無彩色を求める。この無彩色は、女性には敬遠されがちだ。異性愛者と同性愛者のあいだには、目立った違いは見られなかった。

だが、クロード・フランソワが歌った「ル・マレメ」〔あまり愛されない人の意〕のように、誰からも

「あまり愛されない」色がある。黄色だ〔サード、ジル、二〇〇〇年〕。黄色は、一九四一年の人気色調査で、すでに最下位に位置している〔アイゼンク、一九四一年〕。黄色に関連する表現があまり好ましいものではないことは確かだ。コキュ〔寝取られた男〕や作り笑いや裏切り者ユダの服の色……。ナチスが、ユダヤ人の胸に黄色い星をつけさせたのも、ちゃんと理由があったのだ。黄は嫌われる色ということか……。

ここで、黄色を好きになってもらえるように、詩的かつ科学的な論証を提供したい。二人の研究者が、銀河にきらめく二〇万以上の星を観察して、その平均の色を計算した。つまり、濃縮された宇宙――そんなことができるのならば――の色である。結果は、アイボリーに近いごく薄い黄色となって、「コズミック・ラテ」と命名されている〔カール・グレイズブルック、アイバン・ボールドリー、〈pourpre.com〉〕。

黄色に好意的な話をもう一つ紹介しよう。被験者たちに、そのときの気分から連想する色を挙げてもらったところ、自分を幸せだと感じている人の多くが黄色を選んだ。今後は、幸福であることを表わすには「黄色の人生（ラ・ヴィ・アン・ジョーヌ）」と言うことをおすすめしよう〔エディット・ピアフの歌った「バラ色の人生（ラ・ヴィ・アン・ローズ）」のもじり〕。残念ながら、ピンク〔フランス語ではローズ〕を選んだ人はわずかだったからだ。

そして灰色は、鬱《うつ》気味の人が、自分の状態と結びつける色であることが明らかにされた。また、幸せか鬱気味かには関係なく、好きな色は青だと答えた多くの人たちも、決して同じ青を指しているわけではなかった。幸福な人は明るい青を選び、鬱気味の人はもっと暗い青を選んだのだ［カルーザス、ホーウェルほか、二〇一〇年］。また、アルコール依存症の患者は、茶色を非常に好み、ピンクにはまったく興味を示さなかった［チェルノフスキー、一九八六年］。

ところで、我々の色の好みは、先天的なものなのだろうか、それとも後天的なものなのか？ これを調べるために、イギリスの研究者たちが、子供たちに青とピンクのおもちゃを見せる実験を行なった。すると二歳までは、おもちゃの選択に色は無関係と思われた。だが、二歳を過ぎると、女の子はピンクを好むようになってくる。この傾向は、しだいに強まっていき、五歳になると落ち着く。青に対する男の子の好みも同様だ。五歳以降は、青を好む女の子と、ピンクを好む男の子は、どちらも五人に一人の割合となる。このことから、女性がピンクを好み、男性が青を好むのは、先天的というよりも幼児期の教育によるものと思われる［V・ロブー、J・デローチェ、二〇一一年］。

一般に、子供は明るく彩度の高い色を好み、ティーンエイジャーはもう少し暗くてやわらかい色を好む［エンゲルブレヒト、二〇〇三年］。少年と少女では、色の好みはさほど変わらない（ただしピンクは別で、少年の大半に避けられる）。

イギリスの子供たち（四歳から一一歳まで）が好きな色は、人気のある順に赤・青・黄・緑・紫・オレンジ・ピンクだ［バーキット、バレット、デイヴィス、二〇〇三年］。フランスでは、愛国心からにちがいないが、七歳から一四歳の子供たちの三分の二が、好きな色に青を挙げている［Kid'setteens' mirror ⓒ Junior City, 二〇一一年］。

生後五カ月以下の乳児が好む色は……見ている色だ！　先に見たように、赤ん坊は紫や青や青緑などの色を識別できない。パステルカラーも同様だ。基本的に、赤と黄しか感知しない。識別できるのは、色同士の彩度が大きく異なる場合だけである。したがって、白と区別してもらうためには、彩度を非常に高くしなくてはならない［メアリー・L・カレッジ、二〇一〇年］。現実問題として、淡い色のおもちゃや服を贈るのをやめたならば、新生児は大いに感謝するだろう。

同様に、全世界共通の傾向として、子供は、とくにパッケージに関して、非常に濃い色は好まない。また、いちばん苦手な色（黒・茶・白）から、いちばん嫌なことを連想する

〔ボヤツィス、ヴァルゲーズ、一九九四年／ヘンフィル、一九九六年〕。概して、好きでも嫌いでもないものは原色に結びつけられる。

色の選択

お気に入りの色を思い浮かべてほしい。それがターコイズ〔トルコ石の青緑色〕だとしよう。素晴らしい！　それでは、ターコイズ色のスーツを着るだろうか？　もちろん、いくら好きな色であろうとも、着るはずはない。勇気がないからではなく、スーツの色としては下品だと思うから着ないのだ。

このように、好きな色は、状況によっては不快な色になり得る。つまり、色の好みとは非常に主観的で、状況しだいでがらりと変わるということだ。それぞれの場で好ましいと思う色は、無条件に好きな色とは必ずしも一致しないものである〔ホームズ、ブキャナン、一九八四年〕。

好きな色が黒だという人はきわめて少ない。しかし、黒は多くの製品――とくにコンピューター、カメラ、ゲーム機、携帯電話などの電子製品――において、消費者から圧倒的な支持を得ている。〈iPhone 5〉では、黒が爆発的に売れた理由もわかるだろう［オグデンほか、二〇一〇年／アクチャイほか、二〇一二年］。

買い物にさいして、どれだけ色を重視するかは、年齢によっても大きな差がある。大量に消費される製品のなかでは、若者――なかでも二五歳以下の女性――は、次の〈iPod nano〉も絶対買わないだろう。「アニスグリーン」がいまだに在庫切れだからだ。年齢を重ねるにつれ、色は重要な要素ではなくなり、製品の機能面に目が向くようになる［オグデンほか、二〇一〇年／アクチャイほか、二〇一二年］。

一方、若者たちは、独自の色を選ぶことで、新機軸を打ち立てる可能性を持っている。世の中のあちこちで流行色を打ち出すのも、一五歳から二五歳までの年齢層だ。それより年上の人間が大胆な色を選ぶとしたら、それはたんに自分がまだ若いと思い込みたいからである。

わかりやすい例の一つが、一九九三年の小型車ルノー・トゥインゴの発売だ。ルノー5とともにイメージが古びていくのを感じていたルノーは、それに代わる新しいモデルの売り出しを決意した。合言葉は「若者向け」だ。名前も、軽快な響きの「トゥインゴ（Twingo）」に決めた。革新的なデザインでコードを破っただけでなく、あえてカラーコードも破ることになる。「さらに若い層」を狙って、ルノーのマーケティング・スタッフが下したのは、車体の色から黒と灰色と白をはずして、刺激的な色だけにするという、「革命的であると同時に勇気ある決断」だった。しかし、白と灰色と黒は、自動車業界で最も売れる色ではなかったか？　そのとおりである。だが、大金を投じた調査の結果は、明白にこう告げていた。シニア層は好まなくても、若者は刺激的な色を求めている、と。そこでスタッフは決意した。「年配層には申し訳ないが、徹底的に刺激的な色で売り出そう」

結果はどうだったか？　トゥインゴの発売は、シニア層に……爆発的な成功を収めた。トゥインゴが若者向きの車であることは、シニア層も十分承知していた。そのうえで、この車の色が、白髪混じりの頭とよく似合うことを見せるために、彼らの多くがトゥインゴを購入した。それによって、自分たちがエスプリに富み、革新的な流行を受け入れる精神を持っている——要するにまだ若い——ことを周囲に知らしめたのだ。

付け加えると、数年後、ルノーは売上げを少々上げるために、車体の色に黒を追加した。すると、主たる購入者になったのは、黒を「ステイタス」にしようとする若者層だった。

色の重要度は、何よりも製品の種類に左右されると言わねばならない。車や衣服など、「社会的な価値を持つ」消費ほど色が重要となる［オグデンほか、二〇一〇年／アクチャイほか、二〇一二年］。この場合、「色を間違える」と、深刻な影響を与えかねない。だから無彩色が優先されるのだ。

製品を選ぶさいの色の重要性は、文化や出身によっても大きく異なる。アメリカにおける例を挙げよう。ヒスパニックは、明度と彩度が中程度の大量消費品を好む傾向がある。アフリカ系アメリカ人は、彩度の強い色を好むことが多い。コーカサス系人種〔コーカソイド。一般に白色人種を指す〕は、一般的に緑を重視する。アジア系のアメリカ人は、緑色の製品をあまり好まず、ピンク系の製品に愛着を持つ［クロジエ、一九九六年／シルバー、一九九八年／ジェマソン、二〇〇五年］。

精密製品に関しては、色の好みがとくに目立つ。たとえば、アフリカ系アメリカ人の多くは、メガネのフレームには黒しか使わない［オグデンほか、二〇一〇年／アクチャイほか、二〇一一年］。おそらく映画『メン・イン・ブラック』に登場するウィル・スミスの影響だろう。

光とは何か？

色は、我々の決断や行動において、重要な役割を果たしている。ここで忘れてならないのは、色が光から生まれていることだ。光がなければ、当然、色も存在しない。すべての色を合わせると白い光になることを思い出そう。色と光は切り離すことができない。だからこそ、光――実際はあらゆる色の集合体――による影響について語ることが重要だと思われる。

誰でも知っていることだが、一定量の光がないと、穏やかな気持ちで機嫌よく過ごすことができない。たとえば、地下鉄のなかにいても、戸外の天気がわかると言われる。乗客の顔を見るだけですむからだ。わけもなく微笑んでいる乗客が、一つの車両に二人以上いれば、ほぼ間違いなく地上は快晴だ。

誰よりも光を必要とするのは子供だ。世界のいたるところで、子供たちは強い光、とくに太陽光を求めている。子供というのは、暗闇はもちろん、薄暗がりでも不安を覚えるものである［ザルトマン、二〇〇三年／バーキット、バレット、デイヴィス、二〇〇三年］。

学校でも、教室にうまく自然光を採り入れると、学習効果が上がることが確認されている［アースマン、二〇〇四年／ヒーション・マホーン・グループ、二〇〇三年］。だから、お子さん方には、なんとしても窓際の席に座らせよう！

最近行なわれた実験で、ぜひとも真偽のほどを確かめてほしい説がある。朝の光は肥満に効くというものだ。毎朝三〇分間、日光に当たるだけで、体重が減るという［リードほか、二〇一四年］。これが事実ならば、続けやすいだけにダイエット法として人気が出るにちがいない。

さらにもう一つ、日光には、近視になるのを防ぐ効能があるという。これは聞きのがせない情報だ。というのも、モグラ並みの視力に近づいている人間が多くなっているからである。世界じゅうで、近視の人口は増えつづけている。中国では、伝染病かもしれないと言われるほどだ。なにしろ国民の八〇～九〇パーセントが、遠くのものがよく見えないと訴えている。これについて、中国とオーストラリアの大学教授グループが、「自然光に十分当たっていないせいではないだろうか？」という疑問を抱いた。

そこで、広東《カントン》にある小学校一一校で、ある実験が行なわれた。毎朝の遊び時間を四五分間延長したのだ。こうした方法で科学の発展に寄与できるとは、被験者となった子供たちもさぞかし喜んだことだろう。そして、結果は驚くべきものだった。雲のあるなしにかかわらず、毎日四五分間多く自然光に当たることで、近視の進む確率が二五パーセント減ったのだ［イアン・モーガン、『科学と生命』誌、二〇一四年］。

子供の肥満を防止し、視力を回復させて、成績を上げるには、外で遊ばせよう！

だからこそ、逆に、暗闇は悪影響を与える可能性がある。完全な闇のなかで飼育されたラットは、水よりもアルコールを好むようになるという［『臨床精神医学ジャーナル』誌、一九九三年］。これを聞くと、サン＝ジャン＝ド＝ヴァレリスクル（南フランス・アレス近くのオゾネ渓谷にある重要な石炭採掘場）では、坑内の炭鉱員が毎日平均五、六リットルのワインを飲むと聞いても、納得できるというものだ。そう言えば、炭鉱員は「酔った顔《グール・ノワール》」とも呼ぶのではなかったか？

もちろん、鉱夫たちにも言い分はある。すべてはメラトニンのせいだとわかったからだ。睡眠をつかさどるこのホルモンが過剰生成されると、士気は地に落ちる。そして、まるで偶然のように、メラトニンの分泌を調節するのは太陽なのだ。

医学の世界で、日光を用いた治療の始まりは、一九世紀末にさかのぼる。光が免疫《めんえき》システムを刺激し、伝染病対策に効果を上げるとわかったことから、初期の日光療法の技術は大いに発展し、一九〇三年に、デンマークの医師ニールス・リーベング・フィンセンがノーベル生理学・医学賞を受賞した。フランスでは、二つの世界大戦のあいだ、パリじゅうの人々がこぞってエクス゠レ゠バンにある、サイドマン教授の回転式ソラリウムに出かけたものだ。これは一六メートルの壮麗な塔の上に設置され、太陽の動きを追って回転する、驚くべきソラリウムだった。教授の概念とソラリウムは、インドに輸入され、一九三〇年代に、ある大金持ちのマハラジャが、ジャームナガルに個人用のソラリウムを建設させている。そして現在、インドのマハラジャではない人、または自宅の庭に高さ一六メートルの塔を建てることができない人など、すべての人々のために、光療法が発明されている。人工の日光浴ではあるが、効能は天然光とほぼ変わらない［ラヴォァア、二〇〇七年／ケベック・ラヴァル大学］。

一つご注意いただきたいが、これは、皮膚や角膜に有害な日焼けサロンとはまったく無関係である。使用されるのは、可視光線に限定されている。

適量としては、朝に、二〇〜三〇分間、色温度が四〇〇〇ケルビンの光一万ルクスを、四〇～六〇センチメートル程度離れた距離から照射することをおすすめしたい。通常は水銀灯が用いられるが、ほかにも機器は作られている。ただし、一部の専門家は、新しいLED（発光ダイオード）技術の利用には慎重な態度を見せている。網膜障害を起こす危険のある青色光の短波長を用いているからだ（ただし、いままでのところ、そうした影響は動物実験で確認されたにとどまっている）。

光療法が正式な医療として認められるまでには長い時間を要した。二〇〇五年になってようやく、季節性鬱《うつ》と一部の睡眠障害に対する有効な治療法として、アメリカで公認されている。朝、網膜の神経節細胞を刺激すると、日中のセロトニンからメラトニンへの変化が妨げられる。同時に、「体内時計」もリセットされるため、睡眠の段階に応じて夜中に行なわれていたメラトニンの分泌が抑制される。ここから、抗鬱と食欲調節の効果が生まれるのだ［R・N・ゴールデン、B・N・ゲインズほか、二〇〇五年］。

光療法で、朝に照射を行なうと、過食症や拒食症などの強迫性の食欲障害にも効果がある。ある調査では、拒食症にかかったティーンエイジャーの治療に、光療法が有効だとして強くすすめている［『摂食障害国際ジャーナル』誌、二〇〇三年］。

さらに、光療法にはアルコール中毒の禁断症状を抑える効果もあることが証明されている。

光療法にはますます熱い視線が向けられている。冬のフィンランドで発症する季節性鬱病では、いまやその患者の二〇パーセントが光療法の治療を受けている。ドイツとスイスでは、光療法に用いるライトの費用は、なんと社会保障で払い戻しされるのだ。

科学の進歩によって、メラトニンの調節については急速に解明が進んでいる。青と緑はメラトニンの分泌を妨げるが、赤は妨げないこともわかった［モリタほか、一九九七年／モリタ、トクラ、一九九六・一九九八年］。科学者によれば、これは、「緑」錐体《すいたい》が、中波長の光を最も多く受容するためである。また、網膜上の第三の光受容体――視覚によらない受容体――として発見された「内因性光感受性網膜神経節細胞」［ブレイナードほか、二〇〇一年／バーソン、二〇〇三年］は、およそ四八四ナノメートルの波長を受容するが、これはターコイズ・ブルー（晴れ上がった空の色）に相当する。結論は「メラトニンを調節するには、晴れた日に空を見よう！」だ。

夜勤の人に対しては、多くの産業医が、勤務時間が始まる時間に照射を受けるようにすすめている。二回目の照射は、仕事の中休み、おなじみの「どっと疲れが出る時間帯」に行なうとよい。一部の医者からは、夜勤班用の休憩室に、光療法の器具一式を備えつけようという素晴らしいアイデアが出されている。

出張の多いビジネスマンや長距離パイロットに対しては、最近、産業医が「革新的な」ライトを強くすすめるようになった。このライトは、夜明けの薄明をシミュレーションすることで、穏やかな目覚めを可能にしている。徐々に色づいていく照明が、日の出の色を再現する。あとは目覚まし代わりにニワトリが鳴いてくれれば完璧だ！

こうしたライトは、いまや国際的な高級ホテルでは「マストなアイテム」だ（『Happy Few』〔アントニー・コルディエ監督の映画作品、二〇一〇年〕の登場人物たちが、「トレンディ」に見せるために英語を使うのをまねてみた）。子供に関しては、まだ早いだろうが、いくつかの実験によると、薄明のシミュレーターを一時間使用すると、鬱や多動過多には、プラシーボ薬よりも効果があるという［S・スウェドほか、一九九七年／W・ソニスほか、一九八七年］。

要するに、メラトニンをコントロールすることが肝心なのだ。

よく知られていることだが、青い光は網膜の神経節細胞を活性化させる。この細胞は、脳のなかの、メラトニンの生成を妨げる部分につながっている。フランスとスウェーデンの共同チーム［セガレン、二〇一二年］が、これを実生活に応用するため、車のダッシュボードに青い光をつけて、夜間の運転の様子を観察した。すると、この小さな光には、コーヒー二杯分に匹敵する眠気覚ましの効果があることがわかった。この科学的なデータは実に重要である。なにしろ高速道路における死亡事故の三分の一は居眠り運転が原因だとわかっているからだ。道路の照明を青に替えたらどうだろうか？　リヨンの市町村は最近、市内を通る高速道路に青い蛍光灯を取りつけた。美的効果と相まって、実に素晴らしいアイデアだ。行政官庁や公共団体にはぜひとも、可能な限り、多くの場所に青い光をつけてくれるようにお願いしたい。

物を売ることで金儲けをするならば、客のメラトニンに興味を持つとよいだろう。人は機嫌がよいほど、多くの金を使うものである。

そこで、売り場や歩行者通路の照明は、冬には夏よりも強くしたほうがいい。そうすれば、素早い決断や衝動買いができるような活動レベルではないにせよ、客が居眠りをしている姿は見なくてすむようになるだろう［サマーズ、ヘバート、二〇〇一年］。ザラ〔スペインのアパレルメーカー〈インディテックス〉が展開するファッション・ブランド〕のように、どちらかというと販売部門で真価を発揮した店には、コカ・コーラと同様、秘訣がある。店内のルクスの数値だ。私としては、売り場の照明には、夏の六〇〇ルクスから冬の一〇〇〇ルクスまでのあいだをすすめたい。人事部長と、あらゆる立場の産業医たちは、夜勤者［ボイスほか、一九九七年］や、照明が不十分な売り場から離れることのできない販売員や、大陸を横断する隊商［ファン・ボメル、ファン・デン・ベルト、二〇〇三年］のために、照明の強度を高めることに関心を見せている［フライシャー、クルーガー、シェルツ、二〇〇一年］。

冬には強い光を！

工場では、細かい作業を正確に行なうために、少なくとも五〇〇から一〇〇〇ルクスの照明を必要とする。オランダの研究者によれば、光度は生産性を大きく向上させる。この説はすでに実証されており、ある工場で照明を三〇〇ルクスから二〇〇〇ルクスに上げたところ、生産性が二〇パーセント向上したという［ファン・ボメル、ファン・ベルト、二〇〇三年］。

明るさの目安を挙げておこう。

・月明かり：〇・五〜一・五ルクス
・普通に照明をつけた夜の住居：一〇〇ルクス

・スポーツジム：五〇〇ルクス
・（普通に日が照っているときの）戸外の日陰：一万二〇〇〇ルクス
・雲がかかっているときの日照：二万七〇〇〇ルクス
・日照：七万五〇〇〇（五万～一〇万）ルクス
また、売り場に必要な明かりを計算するために記しておこう。
・一ルクスは、一メートル四方の面が一ルーメン〔光束の単位〕の光束を受けた場合の照度であり、一般的な電球の一ワットは六八〇ルーメンである。

光度と色温度が重要だとしたうえで、もう一つ考慮すべきなのは、あまり知られていないが非常に重要な概念、つまり演色（色の見え方）である。ＩＲＣ（演色評価数）は、演色の程度を表わすもので、八色の基準色を規定し、光源の光との色ずれを算出する。たとえば、フランスの自動車のヘッドライトが黄色から白に替わったのは、このＩＲＣを上げるためである。

この指数は〇から一〇に分類され、一〇が太陽光に等しいとされる。つまり、演色評価数が五であれば、単純計算で、光源の色の半分しか再現されていないことになる。

ＩＲＣは、色の見え方とは別に、本質的に照明の快適さを表わす。工場の蛍光灯や初期のエコノミー・ランプのＩＲＣは五か六だ。その光は青白く、落ち着かない気持ちにさせられる。

光源を選ぶときに、フォトン（光子）を間違えないようにするには、どうしたらよいだろう？　ＩＲＣが八以上の光を「求める」ことだ。日曜大工用の店に行けば、簡単に見分けることができる。エコノミー・ランプや蛍光灯のメーカーは、その数値を記載することを「忘れて」いるからだ。だから、ＩＲＣが八か九以外の電球を選んではいけない（ＩＲＣは、印刷されている数字のなかに表示されていることが多い。たとえば、二〇Ｗ／八四〇とあるならば、電力二〇ワット、ＩＲＣ八、色温度四〇〇〇ケルビンという意味である）。

光の質の知覚（強さ、温度、ＩＲＣ）は、文化によって大きく異なる。たとえば西洋では、住居内の光には「黄色」が好まれる傾向がある。白熱電球の光が醸し出す「暖炉の火」に似た雰囲気が、親密感を抱かせるからだ。

アフリカやアジアでは、蛍光灯がＩＲＣ六の青白い光を放っていても、誰も不快に感じない。アフリカの辺鄙《へんぴ》な村々では、最初に通じた（そして、しばしば唯一となった）電気の光源は蛍光灯だった。村人たちにとって、電気を得たことがあまりにも嬉しい出来事だったため、その文化では、蛍光灯の青白い光が進歩と結びついて、美しいと見なされるようになったのだ。

それよりもはるかに不思議に思われるのは、日本人もまた、蛍光灯の青白い光を我慢していることだ。私は頻繁に東京を訪れているが、オフィスでも、招待された個人の住宅でも、たいていの場合、天井灯には大量生産の蛍光灯が使われている。あるとき、立派な日本料理店で食事をする機会があった。私の舌には、いまもその味の記憶が刻まれている。そして目もまた、忘れていない……。店の青白い光が、一〇年前に利用した街のコインランドリーを思い出させたからだ。日本の友人たちに心からの敬意を表しながらも、西洋人的な私の好みから言わせていただくと、東京で最も素晴らしいと感じる光は、国際的な高級ホテルのなかである。

この状況は変わっていくにちがいない。日本の大学が、レストランにおける光と色の重要性について調査した結果［プラブ・ワドノ、二〇一一年］、なごやかな雰囲気を作るには、和《やわ》らかな光がぜひとも必要であることが明らかにされた。実に当たり前のことだと思われるのだが……。

光の質に細心の注意を払うのが当然とされる場所、それは贅沢な空間である。高級ホテルや高級品店で光がうまく用いられているのは、本物のプロの助言に従って、すべての光源にＩＲＣ九を用いているからだ。電球代は高額になるが、視覚的な快適さには代えがたい。おまけに色の見え方も美しい。

販売に関しても同様だ。売り場で求められる効果や配置に応じて、光の温度を調節しなくてはならない。衣服を扱う店では、ショーウィンドウの温度は低めにしたほうがいい（四二〇〇ケルビン）。店内は少し高くするが、上げすぎてはいけない（三〇〇〇ケルビン、フィルターTL—84用もしくはF—11用）。試着室のなかは、顔色がよく見えるように、通常、温度は高めに設定されている。

こうした色温度（一般的にＩＲＣ八）は、シンボルマークに広く使われている。デカトロン〔フランスのスポーツ用品メーカー〕を見れば、その有効性がわかるだろう。

食料品店でも、色は重要な役割を果たす。たとえば、肉を照らす電球を見ると面白いことがわかる。ずっと以前から、精肉業者たちは、肉は赤い光で照らされるとより赤く、サラダは緑の光を受けるとよりおいしそうに、魚は寒色の光（六〇〇〇～六五〇〇ケルビン）の下ではより新鮮に見えることを知っていた。もしも、精肉業者が、魚屋用の光で店を照らしたならば、肉は赤味を失い、くすんだ緑色に見えるだろう。そうなったなら、客は逃げ出し、売上げは一気に赤字となるにちがいない……。

教室では、どちらかと言えば寒色系の、太陽光に近い光で強く照らすことをおすすめる。まぶしくならないように間接照明が望ましい。教室の光の質は非常に重要だ。学習効果と集中力を高めてくれる。クラスの欠席率を下げる効果も持っている［ハサウェイ、一九九〇年／バーニット、二〇〇三年］。

同様に、成人に対しても、光は知的活動に大きな影響を与える。とくに照明に関しては、男性よりも女性のほうがはるかに敏感だ［クネズ、二〇〇一年］。照明が足りないか、もしくは適していないと、疲労の原因となる。頭痛が起きやすくなり、知的活動も停滞する。室内の照明を選ぶさいには、可能な限り、太陽のサイクルを尊重しよう。そして、矛盾するようだが、日中はすべての明かりをともして、夜にはすべて消す（あるいは暗くなるように調節する）とよい。太陽光を十分浴びることができない北欧では、これが正しい照明の方法なのだ！

朝は、強く冷たい光を浴びて、目覚める時間だと体に教えよう。日中は、照明の光が、絶対に太陽光より強くならないように注意する。逆に夜は、穏やかで暖かい照明をふんだんに使うと、暖炉の火に象徴される夜がよみがえり、守られているような気持ちになってくる。これらを完璧に理解しているのが、過酷なまでに冬の光が少ないノルウェーの人々だ。彼らはきわめて鮮やかな色合いにしつらえた室内で、昼間はしばしば非常に強い照明を用いる。そして夜にはできるだけ多くのろうそくをともして、暖かくやわらかな色合いを作り出すのだ。

こうした光と色の変化が、我々の体に太陽のリズムを守らせ、メラトニンの日々の分泌を調整させる。我々はサルの子孫だ。だが、もっとさかのぼれば、植物の一種だとパスカルが言っているのではなかったか。だから日中は、多くの光と、豊かな色彩がゆらめく環境を必要とする。ただし、植物と決定的に違うのは、我々は葉緑素ではなくメラトニンを分泌することだ！

色彩療法

光が我々の健康に効能をもたらすことについては、現在の医学界では異論なく認められている。これはよいとしよう。また、特定の波長が持つ効能についても、同様に認められている。癌《がん》の治療にはX線が高い効果を上げている。一方で、紫外線（UV）が皮膚に何らかの作用を及ぼすことも、黒色腫の原因になることからわかっている。農産物加工業では、紫外線殺菌装置が規格品となっている。UVC〔UVのなかで、一〇〇～二八〇ナノメートルの波長〕を数秒間照射するだけで、表面に付着している病原菌の九九・九九九パーセント以上を殺菌できるのだ〔サヌヴォックス・テクノロジー社の調査研究〕。

しかし、思い出していただきたいのは、X線も紫外線も、色と同じ波長だということだ。ただ、我々の目には見えないだけである。それでいて、色のもたらす効用となると、医学界の人々は不信感をあらわにする。同じ波長でも、X線や紫外線の効果を疑う者は誰一人いないのに、おかしな話ではなかろうか。

可視光線を用いた治療行為は行なわれているのだろうか？

それでは、「カラーセラピー」もしくは「色彩療法」さらに「色による治療」の世界を紹介しよう。この分野は、どうやらドルイド僧〔ケルトの祭司〕やシャーマンやインカの神官が行なう施術の類《たぐ》いと見なされていたらしい。

中国医術には、暖色と寒色がある。暖色は「陽」に相当し、緋色から緑までの男性的な色である。一方、寒色は「陰」に相当し、緑から紫までの女性的な色である。

インドの伝統医学アーユルヴェーダでは、それぞれのチャクラが特定の色を持っている。

【紫】頭頂のチャクラの色。精神病や軽い神経症に効用がある。

【青】喉のチャクラの色。睡眠障害・頭痛・ストレス・喘息《ぜんそく》の治療に使われ、言葉を話す能力を向上させる。

【緑】心臓のチャクラの色。人体のバランスを保つための大きな力を持つ。

【黄色】腹腔神経叢のチャクラの色。精神活動を促し、ストレスのみならず、関節炎やリューマチや消化器、もしくは肺の治療に効果がある。

【オレンジ】脾臓《ひぞう》のチャクラの色。生気や活力や意欲を高める。

【赤】神聖な場所（会陰）のチャクラの色。鬱病や肺の疾患、低血圧に効く。

【インディゴ】六番目のチャクラの色。血を浄化し、視力、聴力、嗅覚に影響を与える。

西洋では、一九世紀末にデンマーク人のリーベング・フィンセンが、結核の治療のために、色の研究所を設立した。彼は色に対する取り組みを評価されて、一九〇三年にノーベル賞を授与されている。だが、現代の「カラーセラピー」の基礎は、ディンシャー・ガーダリー博士によって築かれた［ガーダリー著『スペクトロクロム測定法百科』一九三三年］。彼の説によれば、人体はまるで生きているプリズムのように、光を基本的な要素に分離することで、バランスを保つのに必要なエネルギーをくみ取っているという。

今日フランスでは、色は非常に特異な使われ方をしている。たとえば、出産の現場では、黄疸《おうだん》に対処するため、未熟児は必ず保育器に入れられ、青い光の照射を受けて、ビリルビン〔血液に含まれている黄色い色素〕の過剰分を除去することになっている。

皮膚科学の分野では、線状皮膚委縮や傷痕《きずあと》は、オレンジがかった赤の強い光を当てると、五〇～八〇パーセント薄くなる［ボイスニック著『美容医療と皮膚外科』二〇〇六年］。

神経外科で麻酔医として働くS・コマレツ博士は、サンクトペテルブルクの病院で、患者を目醒めさせるのにカラーセラピーを用いている。

ローザンヌの眼科医、ピエール＝アラン・グルノエ博士は、網膜は、たとえ目を閉じていても夜間も活動していること、また赤い光（目を閉じているとピンクとして知覚される）は、不眠の治療に有効であることを証明した。赤は、眠ることだけを考えている不眠症患者の神経を「集中させる」からである。

しかし、認めなくてはならないが、西洋では、カラーセラピーはいまだにめったに用いられず、医療機関からは呪術めいた施療行為と見なされている。

だが、こうした状況も変わりつつある。

ごく最近、ロシアで行なわれた調査によると、白色の光は、鬱と無力症の患者に目覚ましい効果をもたらし、黄色い光は、自律神経の不調による無力症を患《わずら》っている患者に有効だという［W・キリアノヴァほか、二〇一二年］。

イランの大学が最近行なった調査では、従来の病院における治療に、カラーセラピーを組み合わせると、確かな効果が得られること、とくに患者の満足感が高いことが明らかにされた［ダルガーヒ、ラジャブネジャード、二〇一四年］。

フランスでは、ミシェル・ワイス、クリスティアン・アグラパール、ピエール・ファン・オベルジャン、ドミニク・ブルダンなど何名もの医師――著作がある数名しか挙げていないが――が、色を用いた治療を行なっている。ドミニク・ブルダン博士は、色が健康に及ぼす効果を「科学的に」確証づけるための実験を、大きな医療機関がどこも行なっていないことを遺憾としている。「そのため、言葉を信じてもらうほかないのが現状だ」と。

彼らは、それぞれのやり方で「色に働きかけている」。その理論と方法を、ぜひとも知ってもらいたい。彼らが成果を出していること――まさにプラシーボ効果によって――そして、彼らの実践方法を真剣に取り入れることで、医学も多くを学ぶであろうことを確信しているからだ［J＝M・ワイス著『色で癒される』ロシェ社／ドミニク・ブルダン著『色の語る秘密の言葉』グランジェ社／C・アグラパール著『カラーセラピーの手引』ダングレ社／ピエール・ファン・オベルジャン著『カラーセラピー実践概説』ギィ・トゥレダニエル社］。

第3章

色を選ぶ

色の象徴するもの

三千年紀の開始のこの時代に、イランのムッラー〔イスラム教の法と教義に精通したイスラム教徒の男性に対する尊称〕は、女性が赤い口紅を塗ることと赤い靴を履くことを禁じ、違反者は鞭打ちの刑に処すとしている！実に「進歩的」な話だが、赤は古代に娼婦の服の色だった、というのが理由の一つとされている。

奇妙なことに、西洋では、赤は一九世紀の中頃まで、花嫁の衣装として最も人気の高い色だった。もっともその後、処女性の象徴である白に取って代わられてしまったが……。

カラーコードが存在するのは、結婚生活の入口だけではない。迷信深い夫婦は、相手が浮気することを恐れて黄色い服を着ようとしない。だが、黄色が不貞を象徴するのは、ヨーロッパに限られた話だ。中国では、妻に裏切られた男は、緑色の帽子を被らされてあざけりの的となる。

その緑色は、西洋では環境保護を標榜する政党の、そして他の国々ではイスラム系の政党の象徴として知られている。

喪の色は、中国では白であり、西洋では黒だ。しかし、ご存じだろうか？　エチオピアでは茶色、エジプトとミャンマーでは黄色、イランでは青、ベネズエラとトルコでは紫である。

このように、色が象徴するものは、時代と文化によって変化する。現在、色の与える影響には二つの側面があることが認められている。一つは、色をもたらす電磁波の影響を受けた生理的な側面であり、もう一つは、文化的な属性からくる心理的な側面である。

それでは、どうして、色が象徴するものは場所や時代によって変わるのか？　その違いはどこから来るのだろう？

その違いの大部分は、歴史における偶然の産物である。モータースポーツにおけるナショナルカラーを例にとろう。ナショナルカラーが生まれたきっかけは、一九〇〇年から一九〇五年にかけて行なわれたゴードン・ベネット・カップだ。これはニューヨーク・ヘラルド社社主の名前を冠した自動車レースで、パリとリヨンを結ぶ初のレースでもあった。

競い合う各国チームには、区別がつきやすいようにと、それぞれ決まった色が指定された。フランスはフレンチ・ブルー、イギリスはブリティッシュ・グリーン（アイルランドのアイリッシュ・グリーン〈明るい緑〉に敬意を表して、ブリティッシュ・レーシング・

グリーン〈暗めの緑〉に改められた）、ベルギーは黄色、イタリアは赤、そしてドイツは白だった。ところが、この「ドイツの白」は、一九三〇年代に、レースの規定上の理由から、「灰色」に変わっている。その事情を説明しよう。レースでは、車両規定として最大重量が定められている。ところが、ドイツのメルセデスW25は、一キログラムだけ制限をオーバーしていた。しかし、その程度であきらめるわけにはいかない。整備工たちは、重量を軽くするために、車体を研磨し、白い塗装をすべてはぎ取った。その結果、艶《つや》のあるアルミウム製のボディが露出し、ここからドイツのナショナルカラー「シルバー・アロー」が生まれたのである。

　象徴の由来が多数存在することも珍しくない。例を一つ挙げよう。緑は「舞台に不幸をもたらす」と言われている。こうした悪運を持つようになった理由には諸説ある。ある説は、一八世紀に、緑の衣装を着た役者たちが、舞台で息絶える事件が起きたからだとする。緑の染料に有毒の酸化銅が混じっていたという。別の説は、一九世紀末、上演中の大火事で劇場から団員、観客のすべてが犠牲になる事件が起きたことを理由に挙げる。この火事は、主演俳優が緑色の衣装を着たせいだとされている。さらに、モリエール〔一六二二―七三。フランスの喜劇作家〕は、死亡した当日に緑色の服を着ていたと言われる。また、裏切り者のユダは、現代では黄色の服で登場するが、中世の受難劇では常に緑色の衣装を着ていたらしい……。信憑性《しんぴょうせい》にこそ差があるものの、こうした逸話が積みかさなって膨れ上がった結果、緑は劇場の舞台や映画のセットから、決定的に締め出されることになった（しかしながら、映画『アメリ』のポスターが緑色を背景にしていたにもかかわらず、主演女優のオドレイ・トトゥが呪いをかけられずにすんだのは、実に喜ばしいことである）。

この迷信はアーティストの心のなかに深く根づいているため、現在でも、役者に無理やり緑色の衣装を着せたならば、本人の演技ばかりか相手役の演技、さらには一部の観客の反応までもが大きく変わってしまうだろう。

色が象徴するものは、我々の行動に影響を与える。しかし、何を象徴しているかがはっきりしないことが、世界じゅうに散らばっている色のなかから、どれかを選ばなくてはならない人々の仕事を難しくしている。それぞれの大陸ごとに、色が何を意味するのかを考えなくてはならないからだ。そこで、さまざまな国や地域ごとに、色が象徴しているものを、プレヴェール風の「目録」〔ジャック・プレヴェールの詩「目録」のこと〕にして本書の巻末に載せることとする。

ただし、このリストを暗記しなくてはならないなどと思わないでほしい。それほどの価値はないと、この私が思うのだからなおさらだ。このリストはバカロレア（大学入学資格試験）のようなもので、持っているのは結構だが、これだけに頼っているとあまりうまくいかないだろう。色が象徴するものは、同じ文化のなかでも、伝える媒体によってまったく異なる場合があるだけに、十分慎重に解釈されるべきである。

車の色を例にとろう。往来で赤い車を乗りまわしたならば、いかにもイタリア風の、スポーティで贅沢好きな見栄っぱりらしい行動と見なされるだろう。それはよいとしよう。では、同じ通りを、赤い旗を振りかざして歩いた場合はどうだろう？　贅沢好みをひけらかしているとは決して思われないはずだ。結論として、赤い車に乗ることは、贅沢好きの象徴なのか、それとも革命的な性向を表わすものなのか？　私個人には、答えを出すことはできない。だからこそ、色の象徴についてはきわめて注意深くあるべきだと考えている。しかし、アメリカの高名な科学者たちは、青と赤はそれぞれ悲しみと喜びの象徴であり、その方向に我々の行動を導くと主張している［ソルダット、シンクレア、マーク、一九九七年］。つまり、人は身近に赤があると、より幸せになろうとするらしい。なるほど、そうにちがいない。

一つ確かなのは、象徴にもまた、多かれ少なかれ文化によって決められる部分があることだ。衣服の色を見てみよう。私の考えでは、女性は、何を象徴しているかを気にすることなく、ほとんどすべての色を着ることができる。男性の服装については、多少の配慮をすべきだろう。ピンクの服は男らしさを感じさせてはくれないし、全身を白でまとめた男性はエディ・バークレー〔一九二一―二〇〇五。フランスの音楽家〕の葬儀を思い出させる……。だが、衣服に関しては、一般的に色の象徴性はほとんど意味を持たない。

反対にインドでは、数世紀にわたって、それぞれの色が多くの意味を持っている。白はバラモンの神聖な色であり、赤はクシャトリア（王族と戦士）の色、サフラン・イエロー（もしくは茶）はヴァイシャ（商人と職人）の色、黒はシュードラ（労働者）の色である。マリンブルーは、社会階級の最下層、つまりカースト制度の外側に位置する不可触民に結びつけられる限りにおいて、「無色」と見なされる。

中国でも、衣服の色は非常に象徴的である。なぜなら、いまなお、農村においても重要な地位を占めている伝統演劇のなかで、色は体系的にコード化されているからだ。黄色は皇帝、赤は高官もしくは軍人、紫と青は役人の色であり、黒は平民、そして先に見たように、緑は妻に裏切られた男を表わす。

興味深かったのは、二〇一二年一一月、習近平《しゅうきんぺい》が中国共産党中央委員会総書記に就任したさい、委員会のメンバー七名のうち六名が、赤いネクタイを締めていたことだ。彼らはこの色によって、自分たちが中国社会における重要人物だということ、そして、「赤色革命」の価値を十分認めていることを表現したのだ。ただ一人、青いネクタイをつけていたのは、周囲から最も革新的だと見なされている人物だった。意識的にせよ無意識にせよ、色の象徴性を示す格好の例である。

個人的には、私は、集団共通の文化を象徴する疑わしげな色よりも、個人の文化を象徴する色の影響を信じる。子供時代を過ごした田舎の家の鎧戸《よろいど》の色は、あなたに何かを思い出させる色だ。思わず込み上げるものがあるにちがいない。そして反対に、もしもあなたが聖書の熱心な読者でないならば、紫と待降節《アドベント》の結びつきが、多くの意味を持つのかどうか、私にはわからない。

イスラエルでは、一九五六年と一九六〇年に、五年間の間隔をおいて、好きな色に関する追跡調査が行なわれた。最初の調査では、八六パーセントの住民が黄色を好きではないと明言した。もちろん、第二次世界大戦中に胸につけさせられた黄色の星のせいである。だが、一九六〇年には、四一パーセントが黄色を好きだと答えている。理由は、砂漠の再生を象徴する色であるからだ〔グロスマン、ワイゼンブリット、一九九九年／ハンス・クライトラー、シュラミット・クライトラー、一九七二年〕。

結論を言おう。もしも、ある色が、あなたの人格にどのような文化的な影響を与えるかを知りたいならば、目を閉じてその色を思い描き、頭のなかに浮かんだ物体や形容詞を数えあげるとよいだろう。

風水の恵み

環境の色が与える影響について語るならば、風水の恩恵に触れないわけにはいかない。中国語で「風と水」を意味する風水は、住居の配置が幸福や健康や豊かさをもたらすとする教えである。この道教の思想は、科学的な根拠をいっさい持たずに、経験のみに基づいている。しかし、その経験がすこぶる豊かだ。風水の原理は紀元前四〇〇〇年にさかのぼるからである。

風水の大原則とは、簡単に説明すると、「あらゆるものには生命のエネルギー（気）が宿っている。そのエネルギーを、木・火・金・水・土という五つの要素にうまく配分して、バランスを保つことが重要である」というものだ。ここに陰と陽の概念が加わって、建築と内装についての助言がなされるが、そのなかでも、光の強さと色の選択に関する忠告は非常に的確なものである。

「科学的」な裏付けがないにもかかわらず、風水の理論が信頼されるのはどうしてだろう？　その理由の一つに、アジアじゅうでその効用が認められていること、そして西洋でも、その結果に納得かつ満足して、信奉者が増えていることが挙げられる。中国では、いや日本と西洋でも、あらゆる書店で風水に関する書籍が棚をにぎわせている。

だが、風水が我々の関心を引きよせる最大の理由は、その理論が、現代科学における実験で明らかにされた「色の与える影響」と一致している点にある。少なくとも我々が興味を抱いている分野〈色と光〉に関しては、いかなる矛盾も見つからない。これは驚くべきことではなかろうか……。

科学と風水に共通する一般原則をいくつか挙げよう。まず第一に、照明は、太陽のリズムに従う必要がある。つまり、昼間は非常に強くて冷たい光を、そして夜にはやわらかくて暖かい光を用いることだ（闇のなかで働く人は別である）。

第二に、我々の身体はあらゆる色を求めている。たとえば、オレンジが好きだからといって、白とオレンジだけのアパルトマンに住んでいると、すぐに心身のバランスが崩れてくるのがわかるだろう。やはり、部屋ごとに寒色と暖色を使い分けるのが好ましい。それぞれの部屋で、細部に反対色を用いて、補色効果を楽しむことができれば理想的である。

そして、風水と科学が共有する基本的原則の第三は、あなたのためになる色をアドバイスできる人間は、あなた自身しかいないということだ。欲しいと思う色が、自分によい影響を与えてくれる色である。あなたが「個人的な趣味」だと思っているものは、実は、あなたのためになる色を選ばせようとする、守護天使のささやく声なのだ。もしもあなたが悩める若者のように落ち込んだ気分でいるならば、活力を与える暖色を選ばせてくれるだろう。もしもあなたが、激しく苛立っているならば、リラックスさせる寒色を選ばせるにちがいない。そして、もしもあなたが、苛立ちながらも落ち込んでいて、守護天使が浪費家ならば、両方を選ばせてくれるだろう。

簡単に言おう。もしも、ある色を見て、あまり美しくないと感じたならば、その色は選ばないほうがいい。そのときのあなたにふさわしくない色だからだ。逆に、自宅の浴室の壁を「からし色」に塗りたいと思ったならば、好きなようにすることをおすすめする。からし色が、そのときのあなたの希望に合う色なのだから。彩度の高い色ほど、欲しくてたまらなくなるものである。そして、数カ月（数週間かもしれない）後、「からし色」の浴室に飽きたならば、それは、必要とする色が変わっただけのことだ。理由はいろいろあるだろう。機嫌、ストレス、仕事の成果、恋愛事情、季節など……。塗り替えるのにたいした手間はかからない。とくに最近のペンキは被覆性に優れているはずだ。

こうして、科学的なデータと風水の概念を結びつけてみると、得られるものは「自由」である！

装飾の色は大胆に選ぼう

あなたが建築家で、あるオフィスビルの色を選ばなくてはならないとしよう。どんな人間がそこで働くのかはわからない。マルチメディアの代理店が、モンスター・ビートのヘッドフォンをつけてマリファナを吸っている若きウェブマスターたちを引きつれて占拠するのだろうか、それとも、ストライプのシャツにカフスボタンをつけ、鼻におしろいをはたいたファンドマネージャーたちの根城となるのか？

建築家はまず、こう思う。「白（金融エリートマンの鼻と同じ色だ）を塗ろう」と。彼らの多くは、容量と素材を優先するので、色については「白にしておけば失敗はないだろう」と考える。

だが、これは間違いだと私は思っている。白は、寒色のようなリラックス効果も、暖色のような活性化作用も持たないからだ。この「色のない色」は、科学者からも風水師からも排除されている。すでに見たように、無彩色のオフィスでは、生産性が著しく低下し、サボタージュが増加する［オズトゥルク、ユルマゼル、二〇一〇年］。

宇宙開発機関は、宇宙飛行士により優れた色彩環境を提供するという課題に実に真剣に取り組んでいる。宇宙ステーション――将来的には月ステーションもあり得るだろう――において色が重要となる理由は多数ある。閉じられた空間での生活を強いられること、滞在時間が長期になる可能性があること、飛行士たちの出身文化がさまざまであること、永続的にストレスにさらされることなど……。

宇宙飛行士たちが長期の任務に就いているあいだ、一定の快適さを保つにはどうしたらよいのか？　結論は、できる限り地球の色彩環境を再現すべきだというものだった。そのためには、スペースごとに暖色と寒色を交互に使って、多彩な内装を創り出す工夫が必要となる。つまり、床や壁や家具に、自由に色を用いることが許される［ワイズ、一九八八年

／トスカ、一九九六年〕。『スター・ウォーズ』の真っ白な装飾とは、まさにかけ離れた世界である。

また、宇宙服の色にも関心が持たれた。こちらも同様に、変化をつけることがきわめて重要だ。最悪の選択は、どんな色にせよ、一色だけを押しつけることだろう。元宇宙飛行士に対するインタビューでも、彼らの多くが、宇宙滞在中に着ていた服の色が大きな効果を与えてくれたと述べている。彼らの感想は、出身文化には関係なく、似通っている。緑はリラックス効果があり、青と彩度の低い色と紫は疲れにくく、ピンクもしくは黒は心を静め、赤は食欲を増進させ、茶と灰色は精神を安定させる〔オオヌキほか、二〇〇五年〕。

そして最後になるが、照明は、太陽のリズムに従うことが基本だ。そこで、二四時間にわたって、光の強度と色温度を変化させることにより、夜明けの薄明、正午の太陽、夕焼け、夜がシミュレーションされたのだ〔トスカ、一九九六年〕。

古代からずっと、そしていまもなお、いたるところで――西洋と韓国と日本は例外だが――強い色が内装を支配している。アフリカばかりでなく、南アメリカでもアジア諸国全体でも、どんな場所にも色がある。

西洋に限った話だが、三〇年ほど前から、一部のファッション――とくに「ボボ」〔ブルジョワ・ボヘミアンの略〕と呼ばれるファッション――が、職場のみならずプライベートの環境でも、色を排除するか、もしくはきわめて彩度の低い雰囲気を演出しようとしている。この流行は、内装の趣味を西洋化しようとする極東に引き継がれている。五〇年ほど前のヨーロッパであれば――つまり、我々の祖父母世代は――室内を白く塗ろうなどとは夢にも思わなかったにちがいない。中世では、教会と城（全国民に模範を示すべき存在である）は、床から天井まで、彫像も含めて、鮮やかに彩られていたものだ。

内装から色を排除するこの現象は、私には一過性の流行にすぎないように思われる。中世の大聖堂が格別に色鮮やかだったのは、巡礼者をくつろがせるためだ。現代の教会がどうして寂しげに見えるのか、深く考えないでおこう。その大半が、何世紀ものあいだ塗り直されていないのだ！

白は、多くの文明において、死の色だ。白いアパルトマンやオフィスは、非人間的で親しみがなく、まるで天国のように現実感がない。ある小話が思い出される。交通事故に遭った男が、白い病室の白いベッドで目を覚ます。そこに白衣を着た看護師と医師が入ってきた。それを見た男は、このうえなく神妙に、こう尋ねたのだ。「私はどのくらい前から死んでいるのでしょうか？」と。白がもたらす清潔感はわずかな汚れも許さない。壁にかすかな傷があるだけで、白そのものが汚れて見えるだろう。白は高度なメンテナンスとこまめな修復を必要とする。だから鮮やかな色を選んだほうが、たとえ定期的に塗り替えたとしても、結果として費用はかからない。

我々は基本的に、あらゆる色とその濃淡のすべてを必要とする。自然界と同様に、色の多様性は豊かさと調和をもたらしてくれる。暖色（黄色・赤・ピンク・オレンジなど）を主調色とする部屋と、寒色（青・紫・ターコイズなど）と、スペクトルの中央に位置して安定を作りだす緑を主調色とする部屋を交互に作ることが望ましい。緑のペンキが見つからなかったならば、大きな植物（緑）を置けばよい。これは風水師もすすめていることである（ただし寝室は除外する）。

しかし、現実はどうだろう？　現在、オフィスビルのほとんどは、白く塗られるか、コンクリートなどをむき出しにしたものとなっている。しかも、無色（黒・灰色・白など）の調度品が流行《はや》っているため、暖色のカーテンも色鮮やかな絨毯《じゅうたん》もめったに目にすることはない。残念ながら、色のないオフィスで働いている人の割合が非常に多いのだ。

それでは、もしもオフィスビルの色を決めろと言われたならば、何色を選べばいいのだろう？　リラックス効果と一緒に活性化作用もある色とは、どんな色なのか？

答えは簡単だ。しかも風水師の教えとも一致する。色を二つ選べばいい！　それぞれが効果を生んでくれるだろう。

狭い空間には補色（青とオレンジ、赤と緑、黄色と紫）を優先して使うことをおすすめする。広い場合は、寒色系の空間と暖色系の空間を交互に作ると、色数を増やすことができる。

たとえば、オープンスペースでは、色を増やして、すべての人の感性を尊重すべきだ。最も好ましいのは、外壁やカーペットや仕切り壁や家具に、暖色と寒色を交互に用いることでスペースを区切る方法である。理想としては、それぞれの区画を主として使用する人々の職業を考慮して、色を選ぶとよいだろう。厳密さと集中力を要する職業には、暖色が効果をもたらす。思考力や創造力、もしくは「冷静な決断力」を求められる職業には、青を主体とした色彩環境をいちばんにすすめたい。

理想を言うならば、会議室の内装に関しては、オフィスの色とは無関係に、暖色系と寒色系の複数を用意すべきだ。緑は、決断を促すのに非常に役に立つ色である。

部屋ごとに色を変えるのは、さほど難しいことではない。そうすることで、活気が生まれ、仕事場の単調さに変化をつけることができる。

パリにある広告代理店ＢＥＴＣには、小さな会議室がずらりと並んでいるが、その色が部屋ごとに異なっている。社員たちは、ごく自然に、そのときどきの目的（創作、ブレインストーミング、商談など）に応じて、集中やリラックスがしやすい部屋、もしくは創造や熟考に向きそうな部屋を選ぶのだ。

この会議室の色彩環境について、その重要性を正しく評価している社員は一人もいないように思われる。私が言葉を交わしたクリエーターたちは、「青い部屋で仕事をしたくなる」と口をそろえて言ったが、その理由を探ろうとはしていなかった。つまり、彼らは無意識に選択しているのだ。偶然と思われるかもしれないが、あらゆる調査において、また風水の教えでも、青は創造力を高めるのに最も適した色とされている［ハッタほか、二〇〇二年／ラヴィ・メータ、ジュリエット・シュー、二〇〇九年］。

さて、色の重要性については納得していただけたと思うが、ここで忘れてはならないのは、色に変化をつけることだ。あなたの奥さんが美しい緑色の目をしているからといって、内装を緑一色にしてはいけない。バランスが崩れてしまうからである。

それを証明する例を挙げよう。ブリジット・バルドーからは猛抗議を受けそうな実験だが〔バルドーは動物保護活動家としても有名〕、五〇〇匹のミンクを檻《おり》で飼育し、半数にはピンクの強い光を、残りの半数には青い光を当てつづけた。数日後、ピンクの光を当てられたミンクの大半はひどく興奮した様子を見せ、青い光を当てられたミンクは、不自然におとなしく無気力となった。さらにしばらくたつと、ピンクの光を当てられたミンクが、繁殖不能になっていることがわかった［オット、一九七三年］。

色を増やすことが重要だとわかったならば、今度は、適切な色を選ぶための法則を知っておかなくてはならない。

明るい色や寒色は膨張して見える。一方、暗い色や暖色は部屋を「居心地よく」狭く見せる。くすんだ色の家具や絵画は、大きさや色の濃さが強調され、彩度の高い家具や色はより明るく見える。天井の色が壁よりも濃いと、壁の色は明るく感じられる。部屋の形が整っていない場合、単色の調度品を組み合わせると、見た目の不自然さが緩和される。

天井に関しては、ちょっとした妙策がある。天井が低い場合は、壁に色味を少し加えてくすんだ白にするといい。壁との境目がわかりにくくなって、高く見えるだろう。逆に、天井が非常に高い場合は、壁の上部か刳《く》り形《かた》の下部三〇センチメートルほどを白くすると、部屋に温かみが生まれる。

色は彩度が高いほど、効果も顕著だ。思いきって彩度の高い色を選びたいならば、家具や壁を中間色（灰色、白、天然木）か補色にして釣り合いを取ることをおすすめする。

また基本的に、色を考えるときは、常に照明を考慮しなくてはならない。夜の照明にやわらかい光を使うと、色は薄く黄ばみがちになる。

ここであらためて思い出してほしい。自分のために色を選ばなくてはならないときに、どの色があなたのためになるかを誰よりもよく知っているのはあなた自身だ。また、住居のなかで、共有で使う部屋の色については、家族全員の同意が前提だ。多数決ではいけない。あくまでも全員一致を条件とする。そして、念を押しておくが、「決めることができないから白を選ぶ」のは最悪の選択である。

さもなければ、ピカソの原理にならおう。「青がないときは、赤を使う！」

色と流行のファッション

色について、人は常に自分が持っていないものを求める（色だけとは限らないが……）。

周囲を見るといい。鬱気味の人たちは、無意識のうちに、気持ちを高める色を必要としている。だから、非常に鮮やかな色の服を着たがることが多い。また、すでにお話ししたように、赤は幸福感を高める力を持っている。ベネトンやパンダショップといった、原色使いを特徴とするファッション・ブランドが、一九七三年の石油ショック以降、驚異的な成功を収めたのも決して偶然ではないのだ。

私が所属するフランス流行色委員会は、フランスのカラリストたちが参加している団体で、翌年以降にどのような色が流行するかについての調査をしている。うんざりするほど会議が続くなかで、繰り返されるのは、「人々は危機から救い出してくれる色を求めている」という言葉だ。だからこそ、鮮やかなオレンジが、九〇年代の終わりには完全に時代遅れとされながら、二〇一〇年のファッション界によみがえったのだ。二〇一一年には、通りのいたるところで「クライン・ブルー」のミニドレスやパンタロンを目にしたものだ。きわめて彩度の高いこの青は、二〇一四年になっても高い売上げを保持している。また二〇一二年には、男女を問わず、燃えるような黄色を着せようとする動きもあった（男性に関しては成功したかどうかははなはだ微妙であるが）。

成功している洋装店は、ショーウィンドウに色鮮やかな服を飾っていることが多い。こうした色合いを見せるのは、消費者の注意を惹きつけると同時に、「さあ、見てください。当方がどれだけ流行に敏感か、おわかりでしょう。こんなに流行の色（とくに、ウルトラマリンブルー、テラコッタ、オパラン、二〇一四年の色であるラディアント・オーキッド）を取り入れているのですから」と伝えるためである。

結局のところ、これらの色による商業的な成果は、かなりのものではあったが、やはり限界があった。なぜなら、西洋における衣服の売上げは、いまなお、白・灰色・黒・生成《きなり》色（灰色がかった黄褐色）（ジーンズにはインディゴ）が大部分を占めているからだ。

リサーチ会社は探り合い、模倣し合い、差別化をはかりながら、大金を投じて、これから流行る色を予測し提案する。だが今日、すべてを狂わせる現象が起きている。インターネットだ。絶大な影響力を持つブロガーたちがワンクリックするだけで、世界じゅうに流行色を広めることが可能となった。フェイスブックやインスタグラムやピンタレストなどのサイトでは、閲覧が数日間で数百万にも達し、あっというまに動向が変わる。そのため、調査員も、ウェブのフォロワーにならざるを得ない。

ここで、カラリストとしての我々の仕事——とくに衣服に関して——を少々複雑にしているのは、我々がブランドに流行色を提案するのは一年以上も前だという現実だ。色を開発しているあいだに、インターネットによって、色や組み合わせの流行が起こる可能性がある。いや、ようやく発表したときには、すでにその色が流行遅れになっているおそれもあるのだ。

ここで挙げたいのは、つい最近、色の流行に現実的な正当性を創り出したパントンのケースだ。パントンの提案する流行色は、その多くが真似をされ、世間のいたるところで目にするようになる。二〇一五年、パントンは「今年の色」であるマルサラ（茶に近い赤ワインの色）に非常な期待をかけている。だが、このマルサラは、ショーウィンドウのなかでこそ「流行色」として咲き誇っているものの、残念ながら街中ではそれほど見かけない。なぜならば、重ねて言うが、色は客を惹きつけてブランドの正当性を強調するのには役立つが、最終的に売れる色は——まれに例外があるものの——白、マリンブルー、灰色、生成色、黒が大半だからである。

ちなみに、二〇一六年の色は、淡いブルーのセレニティーとフェミニンなピンクのローズクウォーツのグラデーションとなっている。

九〇年代に西洋全体を汚染した黒い波は、それほど目立たなくなったとはいえ、いまなお痕跡をとどめている。

先だって行なわれたフランス流行色委員会の会議で気がついたのだが、出席した一五名ほどのカラリストのうち、私を含めて一二名が黒い服を着ていた。そして、「色に囲まれているのに、どうして黒を着るのですか?」というおなじみの質問をされるたびに、誰もが「だって、黒も色ですよ」とはぐらかす。こうして論点をずらせば、質問にも答えなくてすむからだ。

ところで、黒を着る第一の理由は、痩《や》せて見えると誰もが思いこんでいることだ。実際には、黒の着痩せ効果は、縦縞《たてじま》よりずっと小さい。だが、マドモワゼル・シャネルが一九二六年に発表したリトルブラックドレス(黒い車にならって「フォード」と呼ばれた)は、瞬く間に一般女性の心をとらえた。女性が強くなり、ポワレなどのデザイナーが作るドレスの彩度の高い色に価値を見出さなくなっていたからである。

第二の理由は、黒は「非常にシック」だからだ。同じリトルブラックドレスも、オードリー・ヘプバーンやカトリーヌ・ドヌーブといった魅力的な女性たちが真珠のネックレスと合わせて着たことで、エレガンスの極みにまで高められた。カール・ラガーフェルドによれば、黒は「スタイルの基本の基本」である。

しかし、黒は非常に逆説的な色だ。チャリティ・ガラで、まばゆいほどエレガントに黒をまとって注目を浴びることもできるし、目立たないように黒に隠れることもできる。黒は消える色、もしくは不在の色だ。概して、ひどく臆病な人たちが好んで黒を着るものだ。

黒はアーティストに——たとえ色で表現するアーティストであっても——非常に愛される色である。二〇一〇年にヴァレリオ・アダミ〔イタリアの画家〕を、モンマルトルにある彼のアトリエに訪ねる機会があった。作品の色使いから、現代で最も有名な画家の一人とされるアダミだが、全身黒ずくめの服を着ていた。

アーティストが「ブラックトータルルック」で装うのは、性格が控えめな場合もあるだろうが、なによりも、作品の前で自分を消したいからではないかと思われる。アーティストの多くは、自分のなかの優れた部分とは、人格ではなく創作能力だと考える。だから無意識に、作品に代理をしてもらい、自分は黒い服を着て後ろに下がっていたいと思うのだ。同じことが、偉大なデザイナーにも当てはまる。きらびやかなファッションショーのフィナーレで、モデルたちの最後に登場するデザイナーは、シンプルな黒いTシャツ姿だったりするものだ。ただし例外がジャン＝ポール・ゴルティエで、彼はおなじみとなったマリンブルーと白のセーラーシャツでショーを締めくくる。もっとも、率直に言って、最高にカラフルというわけでもないのだが……。

それぞれの色の特性

色はそれぞれが、我々の知覚や行動に特有の影響を及ぼす。ここでは、一つ一つの色が持つ特性について、お話ししていこう。

■青

青は、すでに見てきたように、きわめて創造的な色である！　我々の脳は、青とともにさすらう。自由の象徴であり、充足と、周囲の環境との調和を感じさせる色だ。青い空や水平線まで続く海の青さが、我々に及ぼす効果を見ればわかるだろう。庭にプールがあるだけで、ぐっとくつろいだ気分に誘われる。だからこそ、青は現代でも、世界じゅうで愛されている。自由の色であり、棺《ひつぎ》に納められたファラオに、来世の幸運をもたらす色だ。

西洋では、一五世紀のカラー・デザイナー——当時はまだこの呼び名はなかったが——が、処女マリアのマントを青色に描いたことから神聖な色となっている。また、ヒンドゥー教では、クリシュナ〔神の化身。一万六〇〇〇人の妃を持ったと言われる〕の肌の色が青であるため、セックスを表わす色とされる。

装飾に用いる場合は、部屋をもう少し広く見せたいと思う人々――我々の大部分がそうだと思われるが――のすべてにおすすめできる。パステルトーンの青ならば、さらに大きく見せてくれるだろう。そのため、アパルトマンでは、玄関のエアロックや戸棚のような狭い場所に向いている。風水では、キッチンやリビング、もしくはダイニングには青をすすめない。食材としては最も少ない色だからだ。

さらに風水は「青を寝室に用いると、夫婦のコミュニケーションを妨げる」と説いている。「夫婦のコミュニケーション」とは、風水師の慎みが言わせた表現だろうか？　それはともかく、すでに見たように、青い寝室での性行為は控えめになるものだ。

反対に、不眠に悩む人の寝室には、ぜひとも青をすすめたい。調和のとれた色であると同時に鎮静効果もあるからだ。ただし、その裏返しで、憂鬱《ゆううつ》な気分をもたらす色でもある（ご存じだろうが、「憂鬱（blues）」という言葉は、「青（bleu）」に由来する）。だから、気分の落ち込みやすい人と、朝起きるのが苦手な若者の部屋には、絶対に青を使ってはいけない。このように無気力にさせる作用があるため、青は生活する部屋にはあまり適さない。ただし、極端に騒々しい家庭であれば別である。その場合は、鎮静効果を発揮してくれるだろう。

青は水の色でもある。だから、ゆっくり入浴したい人にとっては、理想的な浴室の色になる。

衣服に関しては、黒や灰色と同様に、あらゆる種類の服に使用できる。誰もが着たいと思う色であり、良い効果を与えてくれる色だと言ってよいだろう。色を身につけたいと思ったときに、本能的に青を選ぶことが多いのは、それだけ多くの長所があるからだ。まず、青は軽やかさを感じさせてくれる。健やかで、心と体がしっくりしていると思わせる。自信と、自由で創造的な感性を与えてくれる色だ。青を着ると、無法者——といってもおとなしい無法者だが——になったような気分にさせられる！　リーバイ・ストラウスが開発したインディゴ・ブルーのジーンズ（リーバイス）が世界的な成功を収めた理由の一つはここにあるだろう。デザイナーたちは色を増やそうとして努力を重ねたが、消費者のほうは、いまなお西部開拓者たちの自由な魂にあこがれている。ジーンズがはきこまれて古びていくほど、自由な精神を持った男（あるいは女）になって、馬にまたがったジョン・ウェインとすれちがいざまに親しげな言葉を交わせるように思えてくるのだ。

青は鎮静効果があるので、とりわけ強い人に向いている。逆に、男性でも女性でも、自分に元気がないと感じている人には適さない。

仕事に関しては、自由な感性を与えてくれる。だから、「アイデアを見つけ」なくてはならない人たちに、ぜひともすすめたい。研究者やクリエーターやデザイナーを使っている企業は、オフィスの基調を青にすれば、利益を上げることができるだろう。また、パソコンの画面背景は空色にすると効果が絶大だ。

青い環境は、心地よさを醸し出す。だから、売り場――とくに布地や家具の、しかも比較的高額な商品の――に使うのが望ましい。寒色の売り場では、客はくつろいで長時間滞在し、結果として多額の買い物をすることになる。

ただし、オフィスに用いるときは、催眠効果があることを忘れてはいけない。その場合は、赤やピンクや紫や黄色などの活動的な色で、青を分割することだ。また、会計担当者に忠告しておくが、厳密さと集中力を必要とする職場には、使わないほうがいい。

青は寒さを感じさせる。よって、暑さに悩まされている職場にすすめたい。

食品のパッケージとしては、非常にライトな色である。実際よりも軽く見えるので、低カロリーだと思われる。だが、注意してほしい。青は食材のなかに存在しない唯一の色であり、無意識に毒を連想させる。そのため、パッケージに用いると、科学物質を多く含んだ健康に有害な食品だという印象を与えかねない。よって、いかにも食品らしく見える色の包装と組み合わせることが必要だ。

長距離トラックの運転手や夜間に運転することが多い人には、車内に青いＬＥＤランプをつけることを強くすすめたい。居眠り運転の危険を減らしてくれるからである。

■赤

赤は、最も強い色である。ワーグナーは、赤い部屋のなかでしか交響曲を作曲しなかった。多くの文明において、最も美しい色とされている。ロシア語では「赤」と「美」は同義語で、モスクワの「赤の広場」は、「美しい広場」の誤訳だ。赤は色の代表とも言える。ラテン語の〈coloratus〉は「色がある」ことを表わすが、同時に「赤」という意味も持つ。

太陽の色であり、しかも日本人にとっては、それは日の出のときだけに限らない。ここで、クイズを出そう。日本の子供は太陽を何色に塗るだろう？　答えはもちろん赤である。赤はサンタクロースのように陽気な色だ。そして、研究者の「お気に入り」の色でもある。しばしば目覚ましい結果をもたらしてくれるからだ。

ところが奇妙なことに、装飾となると、我々の多くが、この「赤ずきんちゃん」の色を怖がる。「赤」に対する恐怖心といっても、現代ではボルシェビキとは関係ない。赤が我々を不安にさせるのは、活性化効果が非常に強いために、うまく制御できないと害を及ぼすことを無意識に感じさせるからだ。しかし、適切な量を用いるならば、非常に優れた色である。そこで、部屋に使う場合は、注意を怠らずに、直感を信じることをおすすめしたい。もしも数日たって、赤が多すぎるように感じたならば、本当に多すぎるのだ。実に単純ではないか。

装飾の場合、いちばん簡単な方法は、壁を赤く塗るのではなく、アクセントカラーに赤を使うことである。壁を塗り替えるのは大仕事だが、カーテンを取り替えたり、絨毯《じゅうたん》を動かしたり、家具を動かしたり、絵を掛け替えたりするのは数分でできるからだ。赤は非常に強い色なので、少し使っただけでも非常に目立つ。部屋の色を尋ねると、たいていの人は壁の色を答えるが、家具が赤い場合だけは、家具の色の「赤」を口にするものだ（これは、高彩度の色すべてに当てはまる）。

赤は熱く活動的でエネルギーを与える色だ。こう言えば、深く考えなくても、多くの人が本能的に寝室に赤を使いたがらない理由がわかるだろう。だが私としては、寝室の主調色がリラックスさせる色か無彩色であるならば、少々の赤を補色として使うのは非常によい選択だと考える。その理由は、第一に、寝室は眠るためだけにあるのではないからだ。赤は強く欲情をそそる色だ（これもすでに見てきたが、モーブも同様である）。興奮させ、欲情させ、さらに愛に火をつけ、その炎を燃えつづけさせる……。要するに、寝室が赤いと、カップルはセックスしたくなるのだ。夜更けまでテレビの前でぐずぐずしているカップルには、ぜひとも使ってほしい色である。

寝室は、眠るだけではなく、目を覚ます場所でもある。不眠症にかかっているわけではなく、たんに睡眠不足のせいで朝起きるのがつらい人は、赤を利用するといい。とくに、起床が試練と化しているティーンエイジャーにはぜひともおすすめだ。朝食のコーヒー代わりになるだろう――まだコーヒーを飲む年齢ではないかもしれないが。もしも彼らが寝室に赤いカーペットを敷きたいと言ったら、決して反対してはいけない。

そのかわり、睡眠の状態には注意しなくてはいけない。夜に興奮したり、なかなか寝つけないならば、たとえわずかな赤であっても取り除くべきだ。また、活動過多の子供には決して使ってはいけない。

風水は、住居のなかで、応接間や書斎などの「評価を競う」スペースに赤をすすめている。赤は議論を活発にし、ホスト役を強く毅然とした人物と思わせる。はっきり言えば「勝者」に仕立ててくれるのだ。また、深紅の壁はより高い効果を上げる。夜に輝きを増し、応接間にうちとけた雰囲気を与えるからだ。赤は、実際よりも二度ほど気温を高く感じさせることもわかっている。よって、寒がりの人や、風邪を引きやすい場所にすすめたい。

もしもダイエットをしたいならば、キッチンには使わないほうがいい。白に結びつくと食欲を増進させるからだ。逆に、外食産業では、壁を赤くすると客は前菜やデザートを追加注文したくなる。レストランを経営していた祖父母が、ナプキンの柄を赤白のチェックに決めていた理由はこれだったのだ。

さらに忘れてはならないことがある。壁や調度品を赤くすると、肉もおいしそうに見えるだろう。

企業では、赤が効能をもたらす場所は多い。ここでは、モデルとなる会社を訪問してみよう。まず、受付で赤を見た瞬間に、この会社は業績がよく、企業活動も活発で、積極的な経営をしているにちがいないと感じる。第一印象としては、なかなか魅力的だ。続いて、面接官のオフィスに通され、採用試験を受ける。ここでも赤に刺激され、率直な態度で思ったことをどんどん口にしたくなる。自分の人間性をさらけ出すということだ。ただし、裏を返せば、知性をいとも簡単に失うことでもあるので注意しよう。オフィスでは、複雑な作業に従事する人々のパソコンは、集中力を高めるために、画面が赤に設定されている。

この会社には、壁が強烈な赤に塗られた会議室がある。ここでも、面接官のオフィスと同じ効果が表われる。つまり、従業員は思ったことを臆せず発言するようになる。ブレインストーミングを行なうには最高だ。しかし、注意しよう。赤は、熟考を要する決断には適さない。急ぎすぎてしまうおそれがあるからだ。

この会社では、細かく繰り返しの多い流れ作業も行なわれている。そこでもまた赤の活性化作用により、工員たちは、集中力を保ったまま作業を続けることができる。休憩室では、リラックスさせるために、青や緑と組み合わせて赤の量を調節している。ところで、休憩室について一つアドバイスしたい。組合の標識は部屋の外に出すことだ。赤いステッカーが一枚あるだけで、部屋のリラックスした気分が大きく低下する。工員たちがどうにもくつろげないと感じることになりかねないだろう。

この会社はまた、広くて寒い部屋も備えている。理屈でいけば、その部屋は青く塗られているはずだ。そうすれば、コールド・チェーンが完璧に保たれていることがはっきりするだろう。だが、この寒い部屋は赤く塗り直された。そしてそれ以後、工員たちはおおいに仕事に打ちこむようになり、寒さも前ほど感じなくなったのだ。

最後に、この会社には大きな講堂があり、劇場用の赤い長椅子が備えつけられている。劇場と同様に、この講堂でも、赤が観客を舞台に集中させ、演技やせりふに、より深い感動を生むはずだ。つまり、取締役社長がここで式典を行ない、そのなかに重要なメッセージを織りこんだなら、実によく理解してもらえるにちがいない。全社員が、その翌日から、気合を入れて仕事にかかり、積極的に動きまわって、株主のために全力を注ぎたいと思うだろう……。

ここで、映画館について少し話しておこう。一部の映画館はいまでも青い長椅子を使用している。断言できるが、同じ映画であっても、青い長椅子の映画館で上映されると退屈に感じ、赤い椅子で観賞すれば感動させられる。画面から目をそらす時間が少なくなるからだ。もっとも、これをテーマにした比較研究が大学で行なわれたという話を耳にしたことはない。実験は容易だと思われるのだが……。

さて、モデルとなった会社をあとにして、標準的な環境の会社に行ってみよう。すべての階に利害の対立があるならば、赤は避けなくてはいけない。ただし、流れ作業だけは別である。赤は反復作業における集中力を高めてくれるからだ。

外部の一般人と接触することが多い職場では、赤は絶対に避けるべきだ。一部の行政機関については、とくにそう考える。以前、駐車違反で撤去されたスクーターを受け取りに、警察の車両置き場に行ったことがある。まずいことに、担当者の事務所に貼ってあったポスターは、赤を主調色とするものだった。そして、予想どおりのことが起きた。私の前にいた男性三人が、気の毒な警官に食ってかかったのだ。私は思わず、ポスターの色を緑かピンクか青に替えたほうがいいと、教えてあげようかと考えた。だが、正直に言おう。実際には、私もまた彼に文句を言ったのだ。「北駅の前の歩道に、絶対に誰の邪魔にもならないように停めておいたスクーターを撤去したところで、何の意味もない」にもかかわらず、こんなところに来る羽目になったことを大いに憤慨していたからである。ポスターの背景を青かピンクに替えて、にっこり微笑む女性の顔を載せたなら、おそらく、三人のうちの二人と言い争いをするような事態はなくなるにちがいない。

最後になるが、金融エリートマンが働くオフィスや金融取引市場でも、やはり赤は避けたほうがいい。心が逸るあまり、軽率な注文をしてしまう危険があるからだ。

赤を服装に用いる場合は、独身者に対してのみ効果を発揮する。赤は優れた色だ。離れていてもそれは変わらない。遠くからでも気がついてもらえるからである。赤は視線を引きつけ、欲望を呼びさます。

もしも我々が動物だったならば、赤い服を着るか、赤い口紅を塗ったメスの前でうたた寝しているオスは、そのメスが多産であることを感じとっていると思うだろう。逆に、メスのほうは、赤を着たオスを見て、群れのボスだと思うはずだ。しかし、もちろん我々は動物ではない……。

赤は、あなたを精力的かつ積極的で、明るく説得力に富んだ人物にしてくれる！　ケーキにのっているイチゴのように真っ赤なこの色は、臆病さに打ち勝って前に進む手助けをしてくれる。性欲促進剤に用いられるときには、黒と組み合わせると、効果が一〇倍にも増大する。まさにスタンダールの世界ではなかろうか？

赤を身につけるのは、意識しているかどうかにかかわらず、誘惑したいという願望を見せつける行為だ。下着となれば、さらにそれが強くなる。

しかし、商談などでは、主調色に使うのは避けよう。赤は、周囲からリーダーとして認められていると思わせる色だ。よって、上司が同席する場で着用すると、まずい事態になりかねない。動物界と同様、赤を身につけたオスは、自分のほうが強いと感じたオスから攻撃を受けやすいからである。それほど遠くない時代、多くの軍隊では、強さを誇示するために兵士は赤い服を着ていた（血の染みを隠すためでもあった）。

香水のパッケージとしては、愛や情熱の象徴だ。大量消費される製品では、赤の彩度が高いと「高価ではないので、お買い得です」という意味になる。衝動買いを促すには最適な色だ。その代わりに、高品質とは見なされない。また、量が多いというイメージを与える。要するに、陳列台では、ほかにどれだけ多くの色があろうとも、最も目立つ色である。

■ピンク

ピンクは若い女性の肌の色だ。それほど昔ではない頃には、鮮紅色と呼ばれていたが、一八世紀に、前ロマン派によって花の名前がつけられた〔ピンクを表わすフランス語は「ローズ」だが、バラの花の意味もある〕。非常に優しくおとなしい色である。人生を美しいと思わせてくれる。いや、人生がバラ色に見えるようにしてくれると言うべきだろう。ライプニッツ〔一六四六―一七一六。ドイツの哲学者〕は「現実世界は可能なすべての世界のなかで最善のものである」と書いたとき、書斎をピンクにしていたにちがいない。

一九八一年にミッテランが、そして二〇一二年にはオランドが、輝かしい未来を予想させるピンクの波に乗ったものだった。もっともその波は、現実の上で砕け散ってしまったが……。

白馬に乗った王子様を待つ若い女性の多くが、ピンクを選ぶ。しかし、ピンクを使うときには、注意すべきことがある。壁全体に塗るのではなく、少しだけ試してみたほうがいい。ピンクも赤と同様に、安定している人をより活動的にする色だ。だから、この色が眠りを妨げたり、若い女性を活動亢進にするようなことがあってはならない。もしもそうなった場合には、すぐに色を塗り替えるべきである。

それでは、家のなかでは、どこをピンクにすればいいのか？　一部には、便秘がちの人のトイレにすすめる声もある。すべてが可能になるのだから、どうしていけないことがあるだろう？

ピンクという前向きな色が、刑務所のなかで囚人たちを落ち着かせたことは、すでに見てきた。ピンクは幸福と希望の色なのだ。

職場では、希望を与えたいと願うすべての職業に適している。痩《や》せたい人の希望を叶える栄養士、病気の快復を願う病院など……。また、託児所や学校にも非常に向いている。子供たちを幸せな気持ちにするからだ。

ピンクはストレスを和らげると同時に、極端にストレスの高い環境では、ちょっとしたギャップを持たせると、非常に前向きな力を発揮する色である。たとえば、金融トレーダーのオフィスの入口に、にっこり笑う巨大な豚の貯金箱を置いたらどうだろう。毎朝、出勤してくる金融マンは、ピンクの豚をなでながら、よい一日を願うのだ。ばかばかしいと思う気持ちを、ピンクの持つ甘ったるさが打ち消してくれるだろう。

職場に用いるときには注意が必要だ。えてして「女の子っぽく」なりがちだからだ。「甘ったるいピンク」ではなく、「赤橙色《あかだいだいいろ》」や「深紅色」を選ぶといいだろう。もしも色名に興味がおありなら、ぜひとも〈pourpre.com〉を参照されたい。これは非常によくできたサイトで、あらゆる色名が網羅されている。

■緑

我々の文化のなかで、自然を表現するものは、火と土と空気と水である。この四つの要素のなかに、緑はまったく存在しない（水が過剰な窒素《ちっそ》で汚染されて、藻《も》が異常に繁殖した場合は別だが）。それなのに、普遍的な象徴のなかで、緑が自然を連想させるのは、アラブ諸国にとってオアシスの色だからだ。その結果、緑はイスラム教徒の、つまりイスラム世界の天国を表わす色となっている。

緑は面白い色だ。内装に用いようとすると、極端に意見が分かれるからだ。風水は断固として寝室に緑を置くことに反対する。そして、同じくらいの確信を持って逆の説を唱えるのが、一九世紀初頭のヨーロッパにおける色彩論の大家ゲーテだ！　彼は、よい眠りをもたらすのは緑以外にないと信じきっていた。そして、ゲーテが西洋の貴族たちの色彩感覚に強い影響力を持っていたことが明らかにされている。緑は二〇世紀中頃まで、しばしば寝室に用いられていたからだ。読者諸君の祖母や曾祖母や高祖母が、緑色の寝室で生まれた、あるいは母親の胎内に宿ったという可能性は高いのだ。

さて、それでは現在、どちらを信じるべきだろうか？　緑を寝室に置くべきか置かざるべきか？　もしもあなたが、ノエル・マメールやドミニク・ヴォワイネやエヴァ・ジョリ〔いずれも「緑の党」の関係者〕に投票したり、いまだにプラティニやロシュトー〔いずれもかつてのフランスのサッカー名選手〕が出場しているASサンテティエンヌの試合を夢に見ているのであれば、緑はよい効果を与えてくれるだろう。また、もしもコンクリートに覆われた都会に住んでいて、自然を「恋しく」感じているならば、緑は元気を取り戻させてくれるはずだ。緑は、日中は素晴らしい色だが、夜は輝きが変わるために、温かみのある雰囲気を生み出すのは難しい。個人的には、この色を寝室にはすすめない。理由は単純で、寝室に緑の植物を置くのは自然ではないからだ。我々の本能がそれを求めてはいないのだ。

風水師によれば、緑はキッチンやトイレに最適な色である（これについてゲーテは何も語っていない。なにしろ、当時のキッチンは使用人の働く場所だったので、ゲーテ自身は足を踏み入れたこともなかったはずであり、トイレはそれ自体がまだ存在していなかったからである）。

食欲を増進させるので、キッチンに向いている（オレンジと赤も同様である）。緑は、赤外線と紫外線に挟まれた可視光線スペクトルの中央に位置している。安定をもたらす色だ。安心感を与え、血圧を下げ、心を鎮めてくれる。ビリヤード台のラシャが緑なのは、プレイヤーをできる限り落ち着かせ、よいプレイができるようにするためだ。自然の色、つまり生命の色である。もしも地球外生命体が存在するならば、きっと緑色にちがいない。かつて、火星に住むと考えられていた小人のように……。バランスのとれた色であり、ストレスを緩和し、くつろぎを生み出す。家庭内の空気がぎくしゃくしているならば、リビングに使うと効果があるだろう。

暑くもなく寒くもなく、きわめて穏やかな色である。

読書にも向いている。世界の図書館の多くが、緑のグローブライトを使っているのも偶然ではない。想像力を刺激し、感情を豊かにさせながら、読書に集中させる力を持つからだ。

職場では、(青と同様に) 騒がしい場所にすすめたい。

緑は元気を取り戻させ、気持ちを和らげ、心に平穏をもたらし、体の機能を再活性化させる。そのため、ストレスの多い職場にとっても理想的だ。もしも内装に緑色がないならば、大きな植物 (緑の) を持ちこんでも効果があるだろう。

同様に、信頼を抱かせる色でもある。賭台のクロスを緑にすると、勝てそうな気持ちにさせるので、賭け金が増える。会議室にもぜひ使いたい。客を説得したり、勇気を出して決断するのに役立つはずだ。

また、信頼感を生み出すことで、心を開かせ、コミュニケーションを取りやすくさせる。ゆえに、弁護士事務所や診察室や交番、またはマッサージサロンやその他の静かな場所に向いている (催眠療法は、緑の部屋で行なうほうがうまくいくとされている)。

商談に臨むさいには、服の細部に緑をあしらうといい。相手に信頼感を抱かせるので、同意を得やすくなるだろう。

■黒

光スペクトル全体を吸収する黒は、黒天使が飛びまわる西洋の闇と、インドの不可触民の不浄を連想させる。西洋では一八世紀から、喪の色とされてきた（それ以前は、茶色のほうが多く用いられていた）。プロテスタントからは、厳格と恭順の美徳を認められている。敬意を抱かせる色であることは、風水師と科学者が一致して認めるところだ。「黒であるという条件であれば、車体の色をお選びいただける」とミスター・フォード（フォード・モーターを創業したヘンリー・フォード）は言っていた。ステイタスという意味では、彼の言葉に道理があるだろう。シックな色である。車でもタキシードやリトルドレスでも、黒はエレガンスの極みだ。

そして重要なのは、二種類の黒、つまり艶のある黒と艶のない黒、を区別することである。同じ黒であってもどれほど違いがあるかは、アヴェロン出身の画家ピエール・スーラージュの作品を見ればわかるだろう。古代ギリシャでは、黒のなかにも異なる名前で呼ばれる色がいくつもあった。最もステイタスが高いのは、艶のない黒だ。「五〇歳を過ぎて、はめている時計の文字盤が艶のない黒でなかったら、その人間には決定的に何かが欠けている」。今日、一部の富裕層にとっての最高のシックとは、艶のない黒のスポーツカーに乗った姿を見せることである。五〇〇馬力の車に乗って、時速三〇〇キロで走るところをフラッシュ撮影したならば、出来上がった写真は艶なしの黒となり、さぞかしシックなことだろう。

すでにお話ししたが、セクシーに見せたいと思うならば、黒に赤を合わせるといい。全身を黒で装おうのは、自分を隠したいアーティストか、少しでも痩せて見られたい内気な人に多いと思われる。奇妙なことに、黒は衣服にすると「隠れる」ことができるのに、内装に用いると強い印象を与える。黒い家具は常に大きく感じられ、艶がない場合はとくに注意を引きつける。言うまでもないことだが、黒は部屋を暗くする。暗くする必要がある部屋と言えば、キャバレーと映画館くらいだ。だが、艶のない黒は内装に用いると、素晴らしい引き立て役になる。きわめて美しい宝石箱のような色だ。風水師は、すべての部屋に黒を使うようにすすめているが、「絶対に優位に立たせないこと」と「ほかの色の引き立て役にとどめること」を条件にしている。

パッケージもしくは製品としては、黒はステイタスとなり、贅沢な世界を垣間見たような気持ちにさせてくれる。

また、工場や石切り場などの、高周波（甲高い音）の騒音が発生する環境に適している。

■灰色

灰色には五〇種類もの、いやそれ以上の色合いがあるとされるが、ここではそれらを一つにまとめ、さらに彩度の非常に低い色もすべて加えて「灰色」と呼ぶことにする。どれもが目立った効果のない色だからだ。暖色や寒色も含むが、全体としては、活性化効果もリラックス作用もきわめて弱い色である。

灰色は、彩度の高い色の引き立て役として非常に優れた色である。たとえば、かすかに青味がかった灰色は、クライン・ブルーの家具を完璧なまでに際立たせる。大切なのは色調を同じにすることだ。

現在、西洋の内装で非常に人気があるのは、彩度が低くて艶がなく、比較的暗めの色である。

ここでぜひとも紹介したいのは、イギリスのドーセット州にあるペイント・メーカー

〈ファロー・アンド・ボール〉のエレガントで柔らかな世界だ。ナチュラルで非常に深みのある顔料に加えて、世界じゅうで高い評価を得ているのが、彩度が低くて艶がなく、ほどよい暗さを持ったペイントである。少し色味のある灰色には「象の吐息」や「パビリオン・グレイ」などのしゃれた名前がつけられている。一九四六年以来、内装業界で不動の地位を保っているメーカーだ。

灰色の与える影響としては、少なくとも客によい印象を与えるという利点が挙げられる。灰色の内装は、手入れが行き届いて洗練されているように見える。つまり、住んでいる人の趣味の良さが表われていると思われる。ただし、完璧を求めるあまり、人間味を失うことがないように注意しよう。雑誌のページのように冷たくなるおそれがあるからだ。不完全さこそが、魅力と生活感を生むことを忘れてはいけない。

灰色（もしくは非常に低彩度の色）の内装が向いているのは、非常に安定していて、活性化もリラックスも必要のない人だけだと言ってよいだろう。灰色の部屋に適しているのは、休息することでも元気を回復することでもなく、瞑想《めいそう》することだ。そこで、床を寄木張りにするか、明るい木目調の家具を置くことで、温かみを出すことを強くおすすめしたい。

灰色の内装を好む人（とても多いが）も、灰色にするのは、客を迎える場所（玄関やアメリカンスタイルのキッチンやリビング）だけにして、寝室や浴室には思いきって原色を使うことが多い。主調色としての灰色は、黒や白と同様に、生活感のない色だからだ。

衣服としては、全身を灰色で統一することは「色たちよ、私にかまわないでおくれ。おまえたちには何も望まないから」と言っているのに等しい。灰色は最も生彩がなく、明らかに最も効果の低い色である。黒には、反抗的だったり、内気や内面的だったりする面もあるが、灰色はまさに出入り自由の色だ。これは驚きですらある。〈無〉だと言える。気づかれずにすんでしまう色なのだ。だから、男性でも女性でも独身の方々は、結婚したいのであれば灰色は避けたほうがいい。

パッケージとしても同様に避けるべきである。とくに競争が激しい場合はなおさらだ。灰色の製品は目立たないので、好き嫌いを持たれる以前に、気持ちに訴えかけることができない。ただし、デザインによっては、灰色の洗練された中立性が、ある種の現代性を感じさせることもある。

■白

白はアンリ四世の愛馬の色であり、きわめて神聖な色である。その純潔さは、性別すら持たずに、綿のような天国をひらひらと飛びまわる優しい天使を思わせる。それも当然だろう、地球に住む人間の半数近くにとって、白は無と死を表わす色なのだから。

たとえよかれと思ってのことでも、白が使われすぎていたならば、私は容赦なく非難を浴びせるつもりだ……。何度も見てきたように、装飾に用いる場合、白を主調色にするのは避けたほうがいい。活性化効果もリラックス作用もないからである。

風水によれば、白を主調色とするのに適した場所はただ一つ、トイレだ！　白は清潔の象徴であるからだ。

「白すぎる」部屋は、子供部屋には絶対ふさわしくない。あらためて言わせてもらおう。幼い子供が、「ねえママ、白のトータルルックの部屋が欲しいな」と言うなど聞いたことがない。反対に、白は非常に高彩度の色と組み合わせるのにとても適した色である。

したがって、もしも壁が白ならば、そのうち一面の壁やカーペットやカーテンや絵に強い色を使うと面白い。選ぶ色は、明るすぎず、むしろ彩度の高い色がよいだろう。

白は膨張色であり（スカイブルーとほぼ同程度）、また暗い部屋では光を反射する。だから、窓と反対側の壁を白くして、光を反射させるとよい。また、艶のない白は、天井を最も「高く」見せてくれる色である。

職場のなかでは、白いオフィスが多数を占めている。しかし、これまで見てきたように、無彩色のオフィスでは、仕事の質も速度も落ちる。そしてまた、鬱病の発症率が最も高いのも白いオフィスだ［クワレック、スーン、ウッドソン、アレクサンダー、二〇〇五年］。

白がふさわしいのは、衛生観念が重視される場所である（これはターコイズについても同様だ）。その一つが会社の食堂だ。ここでは、料理人が白い服を着ているという事実が、清潔感を強調する。また、白が従業員の完璧な清潔さを示すもう一つの場所として、病院が挙げられる。白が清潔さを保証する診察室では（個人の住宅と同様に）、壁や調度品を思いきり彩度の高い色にして、白と対比させることをおすすめしたい。四面の壁に囲まれた部屋ならば、一面に強い色を使い、他の三面は白にするのが理想的である。

白は、建物の外装に用いると――とくに暑い地域で――価値を発揮する。ギリシャがずっと昔から家を石灰で覆っているのは、写真（発明されたのは最近だ）写りをよくするためではなく、光を反射させるためである。フロリダの研究者によれば、屋根を白くするとエアコンの消費量が最大二三パーセント減るという［ファーマン、二〇〇四年］。

現在では、大型タンカーの甲板は必ず白く塗られる。赤に塗った場合よりも温度が二〇度下がるとわかったからだ。

パッケージとしては、純粋性を象徴する。製品によっては、黒と同じほど贅沢に見なされる。

工場では、低周波の騒音公害（低音もしくは超低周波音）による不快感を軽減する力を発揮する。

■紫

不眠症に悩む読者諸君、紫こそがあなたの色だ。この色は瞼《まぶた》を重くし、手足をぐったりさせる。そうだ、紫は催眠術師の色なのだ。善良な人々よ、この色とともに眠るがよい。さもなくば熟考せよ。冷静に。紫は神秘の色である。深紅の裏地と縁取りのついた紫の衣装をまとっている司教様たちもそう思われることだろう。ところで、瞑想とは、一人でいるときに行なうものだ。友人たちと語らいながら、無意識の世界に旅立つことなどできるはずがない。つまり紫は、リビングやキッチンなどの生活空間には避けるべきである。

逆に、作家や学生など、何かに集中しなくてはならない（一人きりで）人に向いている。

苦悩を呼び覚まし、より深く内面と向き合う手助けをしてくれるだろう。

また、寝たいと思うときの寝室に最適だ。色合いがモーブに近づくほど、欲望をかきたてることを忘れないでおこう。心を落ち着かせる作用もあるので、喧嘩をしているカップルにもおすすめだ。

職場では、「高位」の色である。敬意を抱かせる色だ。かかりつけの医師も公証人も弁護士も、紫色のオフィスにいると、実に堂々として見える。高級デリカテッセンの〈ルノートル〉は、店舗に紫を用いることで畏敬の念を抱かせている。目の前に神秘的な紫の世界が広がると、自分が取るに足りない存在のように思われてくるものだ。だからこそ、紫はカフェラウンジやデザイナーズ・レストランで効果を発揮する。客に強い印象を与えるからだ。

こうした場所について、作家フレデリック・ベグベデ〔一九六五年生まれ。フランスの現代作家〕は「田舎者をここに囲い込んでおいて、自分たちは〈カフェ・ド・フロール〉で静かに食事をしようという、パリジャンのたくらみだ」と書いている。なるほど、そうかもしれない。だが、別の観点から言うと、紫には食欲を削ぐ作用があるため、一グラムたりとも太りたくない美人モデルたちを引きつける。ベグベデはおそらく、ここで知り合ったモデルたちを〈カフエ・ド・フロール〉に連れていき、最後の一杯を楽しんでいるのだろう。

紫の服を着る人は、直感力があって慈愛に富み、親切で誠実だと見なされる。

パッケージとしては、謎めいた印象を与える色だ。そのため、香水に用いると成功する。ただし、アジアでは不吉な色でもあるので、購買意欲を下げる可能性もある。

■ターコイズ（青緑色）

ターコイズは、紀元前五五〇〇年にはすでに高貴な色とされていた。シナイ半島で発見された棺のなかで、王妃ザー――そのミイラと言うべきか――は、なまめかしくターコイズのブレスレットをつけている。ターコイズは、そもそもはトルコ石を細かく砕いて作られた色だ。トルコ石は、空と海の精霊を結びつけて戦士を助ける神聖な石として、アパッチ族からあがめられている。

ターコイズは、青と緑の中間に位置する前向きな色であり、多くの文明で、希望と若さと命との調和と春を象徴する。インドとチベットでは、医療に用いられている。熱くも冷たくもない色であり、逆に言えば、熱くもあり冷たくもある色として、多くの人に愛される。とくに、清潔さにこだわる人に好まれる色だ。キッチンや実験室やトイレにターコイズを使うと、即座に清潔感が増す。浴室では、世界で最も美しい海を思い出させる。指の先がふやけるまで湯船につかっていたいという人には理想的な色だろう。

一つ注意しておきたいが、ターコイズは、柔らかな光のなかではきれいに反射しない。白くて強い光のほうが向いている。だから、リビングのように、居心地のよさが求められる場所には避けたほうがいい。

寝室では、一部の人にとても好まれる。きわめて安定した色なので、苦しみを和らげ、落ち込みがちな気分を引き立てるのに役立つ。天然木の家具と組み合わせると非常に美しい色である。

■黄色

これこそが太陽の色である（西洋では）。そして我々は誰もが、喜びと上機嫌を保つためには、太陽光で「充電」することを必要としている。黄色は自宅に用いるのに適した色だが、一つだけ、「好きであれば」という条件がつく。なにしろ、多くの美徳を持つにもかかわらず、大人からも子供からもいちばん人気がないことでは定評のある色なのだ。「あまりに不公平だ」と、カリメロ（黒いヒヨコのキャラクター）が黄色いクチバシで言うように……。

黄色は活気を与える熱い色だが、興奮作用は持たない。知的な色と言われている。鬱に陥りやすい人にとって最適な色であることは（ターコイズも同様である）、科学者と風水師がそろって認めるところだ。リビングやダイニング、玄関などの、生活する部屋にすすめたい。エネルギーをもたらし、コミュニケーションを円滑にするからだ（オレンジとほぼ同程度に）。

さらに、夜になって人工の光に当たると、非常に温かく柔らかみのある雰囲気を醸し出す。大使の主催する夜のパーティは、壁を黄色にすれば必ず成功するだろう。熟した果物を連想させるので、キッチンでは、食欲増進に役立つ。装飾としては、（金色《ゴールド》とまったく同様に）成功と生きる喜びを象徴する色である。

しかし、不眠に悩む人の寝室には用いないほうがいい。光の反射が強すぎるので、脳が眠りに就くのを妨げるからだ。疲れている人にとっては、疲労回復と朝の目覚めを楽にしてくれる色である。なかなか起きることのできないティーンエイジャーにはとくにおすすめだ。

黄色は他の色と混ぜると効果が高まる。とくに補色である紫、それから青や緑と相性がいい。ただし、白との組み合わせは対比が弱まるので避けるべきだろう。そしてゲーテが言うように「濃い黄色を見た者は誰もいない」。

職場では、集中力を高めるのに役立つ。とくに知性や組織力を重視する仕事にすすめたい。精神の働きを活発にし、好奇心を刺激するので、研究者の実験室や教室に適した色である。

パッケージとしては、黒と組み合わせると、たいそう「今ふう」になる。よく言われるように、黄色と黒は最も強い対比を生み出す。

■オレンジ

かつては、クリスマスを楽しむために、オレンジを贈ったものだった。今では、一年を通じていたるところで、十分すぎるほど、この果物の色を用いることができる。オレンジは安心感をもたらす暖色で、攻撃性は持たず、注意力を呼びさます。自分の意見を形にして表現したいと思わせるが、同時に、他人の意見も聞きたいと感じさせる。この「話して、聞く」ことこそ、コミュニケーションと呼ばれるものだ。フランス最大手の携帯キャリアが〈オランジュ〉〔オレンジのフランス語読み〕という名前であるのも偶然ではない。そしてまた、オレンジ色の袈裟《けさ》を着た仏教徒の僧侶のなんと美しいことだろう!

気持ちを刺激し、食欲を増進させ、消化器系の不調を癒す色である。風水師はこの色をキッチン（そこで食事をするならばなおのこと）やダイニングや玄関に推奨する。訪問客に歓迎の気持ちを伝える色でもある。コミュニケーションを促すので、寝室に使うと、カップルの会話を増やす効果がある。ただし、その場合には、青などのリラックス作用のある色と釣り合いが取れていることが条件だ。

職場では、自己表現が必要な場所であればどこにでも適している。受付や会議室や面接官用の部屋などがよいだろう。逆に、オープンスペースは避けたほうがいい。「おしゃべりしすぎる」のを避けるため、あるいは同僚の私生活を尊重するためである。活性化効果もあるので、週に三五時間以上働くことの多い「仕事の鬼」にはぜひともすすめたい。

パッケージとしては、理不尽に思えるが、あまり用いられていない。だが、欠点のない、明るく前向きな色なので、ぜひとも使っていただきたい。陳列台の上で注目を集め、活性化効果で衝動買いを促してくれるだろう。

■茶・栗色・ベージュ

これまでは、青などのリラックス効果のある寒色と、赤などの活性化効果のある暖色とを対比させてきた。茶色は、素材の段階では、寒色暖色の区別がつかないという、大きな利点を持っている。

わかりやすく説明しよう。たとえば、ナラ材を用いた寄木張りの床は、暖かさを感じさせるとともに、気持ちを和らげる効果も持っている。間違っているだろうか？　実際、資材が与える影響について研究した科学者たちは、木材は強壮効果を持つと同時に、安心感も与えるとしている。だからこそ天然木は昔も今も好んで内装に用いられるのだ。調度品としては、とくにキッチンに明るい木材を使うことをおすすめする。茶色の効果で、自然の食材に食欲をそそられ、料理をしたくなるだろう。壁が板造りではない山小屋など、想像できるだろうか？　ラクレットも山小屋で食べたならば、さぞかしおいしいことだろう……。

反対に、壁の色としては、愛好者ばかりではない。茶色は自然という、不変の存在を表わす色だ。懐古の色である。欲望を持たずにすむようにと願い、生活をいっさい変えたくないと思う色だ。伝統と正統性を重んじ、バックミラーを見ては、その場にとどまろうとする。幸せを築き上げようとせず、不幸を最小限にとどめようとする色である。あまりひどくなければいいのだと……。

それでは、茶色は無視すべきか？　風水師は「茶色は周囲と調和しない」と言っている！　だが「そんなことはない」とカラリストやインテリアデザイナーたちは反論する。茶色は、ピンクやターコイズやアプリコットなどの彩度の高い色を引き立てる素晴らしい色だ。とくに家具に用いると効果を発揮する。どっしりとした木製の大きな洋服ダンスは、ターコイズの壁を背景にすると実に際立つ。また、白やオレンジと組み合わせれば、八〇年代に戻ったような気分にさせてくれる。ただし使い方には注意が必要だ。「流行」と悪趣味は紙一重なのだから……。

風水が茶色を排除するのは、アジア全般に、赤や黒の漆塗《うるしぬ》りの家具を用いる伝統があるせいではないだろうか。アジアで受け入れられる茶色と言えば、障子《しょうじ》の桟《さん》のような非常に明るい茶色だけだ。しかし、繰り返すが、茶色は、赤などの強い色の家具とは釣り合うだろう。

トイレや浴室やキッチンの壁には、避けたほうがいい。わびしげで汚く見えるからだ。だが、田舎の別荘の、重厚な木材を使ったキッチンをどうしても変えたくないのであれば、カーテンや壁や作業台に、思いきって彩度の高い色を使ってみよう。そして、照明を強く――とくに日中に――するといい。茶色は非常に強い照明を必要とする色である。

職場では、伝統的な手作業を行なう場所にしかおすすめできない。食料品店や靴の修理や骨董屋といったところだろうか。

それでは、チョコレート色にふさわしいのは……もちろんショコラティエの店だ。主調色として用いると、技量と品質が強調される。補助的な色として、フューシャピンク（紫がかったピンク色）やアニ（茴香黄《ういきょうき》）やターコイズと隣り合わせると、現代風な趣が加わる。

多くのレストランでは、料理の質を高く見せようとして、無意識に茶色が使われている。だが、この選択は危険をはらんでいる。古めかしく見えるおそれがあるので、超現代的な調度品を用いて、釣り合いを取るべきだろう。

茶色が最も似つかわしい場所は、洋服ダンスのなかだ。西洋人にとって、茶色は日焼けした肌を思わせる。薄い色の肌を濃く見せ、濃い色の肌を輝かせる。黒い肌を持つ多くの人が、茶色を好んで着るのもそのためだ。

茶色のもう一つの長所は、例外なく、あらゆる色との相性がよいことである。たとえば、キャメルと合わない色を探してみるといい。絶対に見つからないだろう。

パッケージとしては、正統性と品質を伝える素晴らしい色である。茶色にパッケージされた食品は、伝統的な調理法と正しい技法で作られているものと思わせる。最近では、アイデア商品などに用いられるクラフト紙のパッケージが大好評を博しているが、これは実にうまいやり方だ。いかにも職人の技が生かされた製品であるかのように見えるからだ。その印象が時のなかに刻まれると、その製品は一時の流行《はや》り物ではなく、伝統品なのだと思い込まれることになる。その伝統は、今日始まったにすぎないのだが……。

意表を突いた起用によって、茶色が大成功を収めた例を紹介しよう。ＦＮＡＣ《フナック》〔フランスの総合的な小売チェーン。とくに書籍はフランス最大〕のロゴと袋の色である。これは客観的に見て、黄土色に近い汚い色だ。デザイン性や流行や技術といったイメージの対極にある色と言えよう。ずっと疑問に思ってきたのだが、この色を選んだ人物は本当に趣味が悪いのだろうか。それとも、競争に打ち勝つために、あえてカラーコードを破って目立とうと考えたのか？　いずれにせよ、成功したわけだが……。

結び

これまで述べてきたように、一般的な光と個別の色は、我々の行動に強い影響を及ぼす力を持つ実に驚くべき存在である。だが、その影響は、科学的に証明されているにもかかわらず、ひどく過小評価されたままになっている。

そうは言っても、我々は誰でも、色が気分や知覚や行動に影響を与えることを、本能的に知っている。子供部屋を真っ赤に塗りつぶそうなどと誰が思うだろう？　海や見渡すかぎり緑の景色を見て、心がたいそう和むのを感じない人間がいるだろうか？　太陽を見ると、人生がバラ色に見えてくることを知らない者はおそらくいないだろう。

色は、我々の生活になくてはならないものである。それなのに、今日、衣服に関しても住まいに関しても、かつてないほど色は目立っていない。この味気なさが、フランス人のモラルの低下にいくらかの責任を負っているのだろうか？　答えるのは難しい問題だ。それでも私が確信するのは、灰色の郊外で若者たちが落書きをするのは、暗い世界から抜け出したいという切実な欲求のなせる業だということだ。お気づきだろうか？　建物に色が塗ってあると、落書きの被害に遭うことが非常に少なくなるのだ。

人は平均して二五年間を自室で過ごす！　睡眠薬を服用する人の多さを見るにつけ、どうして内装の色にもっと気を配らないのか不思議に思われる。

現在、インテリアデザイナーや建築家のなかで、内装と外装の色を、美的感覚あるいは直感以外の理由で選ぶ者はまれである。

この現状を変えたいと、私は考えている。私が願うのは、本書を読むことによって、読者が色の持つ力を認識し、今後は決して偶然からではなく、意識的に色を選んでくれるようになることだ。職場においても装飾においても、そして読者自身の装いにおいても……。

遠慮せずに、好きなだけ色を使ってほしい。そして、あらためて言わせていただくが、何千もの色調と色価と彩度のなかでどの色を選ぶべきか迷ったならば、最高のカラリストはあなたの脳のなかにいることを忘れてはいけない。そのカラリストは「直感」という名前だ。あなた自身の趣味を信じ、思いきって色を選ぼう。きっと効果が得られることだろう。

本書を読むことで、読者がこれまでとは違った目で色を見るようになってくれるならば幸いである。

結びの言葉に代えて、ピエール・ダック〔一八九三―一九七五。フランスのユーモア作家〕のセリフを紹介しよう。

「もしも脳の灰白質がもっとピンク色をしていたら、世の中の人々はいまほど暗い気分にはならないだろう」

ジャン＝ガブリエル・コース
mail：jg@jg-causse.com

付録 世界の地域でそれぞれの色が象徴するもの

■黒

西洋：死、苦悩、眠り、絶望、悲しみ、贅沢、洗練、聖金曜日

東洋：高貴、違法、神秘、陰険さ、詐欺《さぎ》、非合法、悪

■灰色

世界共通：悲しみ、現代風、不安、単調さ、簡潔

■白

世界共通：純粋性、平和

西洋：沈黙、結婚、誕生、歓喜、輝き、希望、永遠、再生

東洋および一部のアフリカ：死、災害、悲しみ
マグレブ〔北西アフリカ諸国〕：歓喜、祭り
中国：不在、期待

■ピンク

世界共通：若さ、女性らしさ
西洋：愛、優しさ、柔らかさ、子供時代、無邪気、積極性、友情、繊細、しなやかさ、女性らしさ、無頓着、従順
インド：精神性
東洋：優しさ、ポルノグラフィ

■赤

世界共通：エネルギー、力、能力、禁止、共産主義、幸福
西洋：権力、熱さ、力、戦争、情熱、騒々しい、行動的、動揺、富、勝利、熱烈、禁止、危険、聖霊降臨祭

近東：死、悪意、砂漠

インド：創造性

極東：幸運、豪華、幸福、結婚、健康、名声、死、緊急、危険、暴力、病院

■黄色

世界共通：知性、知識、光

西洋：輝く、知恵、真実、光線、狂気、注意散漫、苛立ち、意志、学識、明晰、力、暑さ、近さ、激情、臆病、退廃、裏切られた夫

東洋：権威、能力、成功、富（金《きん》）、豊作（秋）、ポルノグラフィ

中国：皇帝、誕生、健康、形式、社交性、交換、伝達、識別、名誉、精神性、知恵、忍耐、寛容

エジプト：繁栄の歓び、喪

日本：優雅さ、高貴

■青

世界共通：冷たさ、静けさ、悲しみ

西洋：消極的、内向的、平静、信仰、処女マリア、天国の、懐古、平和、無一物、影、闇、弱さ、隔たり、魅力

東洋：純粋さ、涼しさ、憂鬱《ゆううつ》

エジプト：（ファラオの時代に）来世に幸福をもたらす色

日本：意地悪、卑屈、劇場、超自然的

中国：知恵、少女、不死

アメリカインディアン・チェロキー族：失敗

■緑

世界共通：生命、肥沃、自然、エネルギー、静寂

西洋：休息、植物、素材、肥沃、満足、退屈、希望、ブルジョワジー、憂鬱、節食、公現祭、エコロジー、許可（三色信号機）

トリニダード・トバゴ：幸運もしくは不運（緑の絨毯《じゅうたん》の上であれば幸運、船や劇場や映

画館では不運）
イタリア：疫病神《やくびょうがみ》
アメリカ合衆国：金《かね》、幸運
イスラム世界：イスラム
インド：純粋さと調和
日本：未来、若さ、エネルギー、永遠の命
中国：裏切られた夫（緑の帽子）
アフリカ・ズールー族：処女性（濃い緑）

■オレンジ

世界共通：エネルギー、生きる喜び
西洋：太陽の、熱さ、行動的、傲慢、豪華、贅沢、高慢、優越、疑わしさ、若い、苛立ち、軽薄
ウクライナおよびオランダ：国家の色
アイルランド：アルスター地方のプロテスタント正統主義者の秘密結社

東洋：最新流行、誇り、見せかけ
インド：楽天主義、闘争本能、性衝動、情熱、征服欲
中国：変化、動き
日本：愛

■紫

世界共通：神秘、精神性
西洋：無意識、秘密、不安、信仰心、迷信、暗闇、死、高貴、嫉妬、憂鬱、悲しみ、謙虚、待降節
東洋：悪魔の、悪徳の
ベネズエラおよびトルコ：喪
アメリカインディアン・ナバホ族：幸福

■栗色

世界共通：大地、保護、巣、家、慎み、素材、木の幹、テラコッタ、具体性、簡素、自然

の、母、もてなし、再生、謙遜、本物の価値、快適さ

中国：過去

エチオピア：喪

［出典］ゲーテ、カンディンスキー、パストゥロー、グロスマンならびにワイゼンブリット、エルウェル神学事典、モントリオール大学工学部、風水とアーユルヴェーダ医学概説

謝辞

ダヴィド・ダ・フォンセカ教授、アニェス・トレビュションブ博士、アラン・タンシ、ロランス・ル・デュ、エリック・ペイル、パスカル・モラレ、ジャニーヌ・ドゥミデレ、ロバン・ジレ、アレクサンドラ・アリザノーヴィック、クレール・セラリオ、アレクサンドラ・ガベール、ブノワ・マエ、ブリュノ・ラヴァニャ、アニェス・ソティ、イザベル・ガルヌノローヌ、クリスティーヌ・プルスロ、マリオン・ラマルク、ロール・ヴーズロ、アナベル・サロモン、オリヴィエ・ギィユマン、スザンヌ・マレ、パスカル・ルフュー、ベアトリス・カルドゥロン、ブリュノ・フィリパール、そして妻エロディー・コース。

以上の方々の多大なる協力に心より感謝します。

私を信頼して、辛抱強く支えてくれた、編集者ジャン＝ジャック・サロモンに深く感謝します。

キャプュシーヌとアルチュールと彼らの灰色がかった緑色の目に、本書を捧げます。

ジャン＝ガブリエル・コース

- Wooten Adam. *Cultural Tastes Affect International Food Packaging*, Deseret News, 17 June 2011.
- Zellner DA, Whitten LA. *The Effect of Color Intensity and Appropriateness on Color-Induced Odor Enhancement*, Am J Psychol, Winter, 112(4): p.585-604, 1999.
- Zhang T, Han B. *Experience Reverses the Red Effect Among Chinese Stockbrokers*, PLoS ONE, 2014.
- Zillman D. *Excitation Transfer in Communication-Mediated Aggressive Behaviour*, Journal of Experimental Social Psychology, vol. 7, p.419-434, 1971.

・Steele K. *Failure to Replicate the Mehta and Zhu, 2009 Color Effect, APS 25th Annual Convention*, Appalachian State University, 2013.
・Viren Swami, Seishin Barrett. *British men's hair color preferences: An assessment of courtship solicitation and stimulus ratings*. Scand J Psychol. 2011.
・Margaret B. Takeda, Marilyn M. Helms, Natalia Romanova. *Hair Color Stereotyping and CEO Selection in the United Kingdom*. Journal of Human Behavior in the Social Environment, 2006.
・Theano Fanny Tosca. *Colour study for a lunar base*. Color Research & Application, 1996.
・Van Den Berg-Weitzel L, and Van De Laar G. *Relation Between Culture and Communication in Packaging Design*, Journal of Brand Management 8.3: 171-84. Web, 15 Oct 2011.
・Van Li Feng Shui Karine, éd. Exclusif, 1996.
・Varichon Anne. *Couleurs*, éd. du Seuil, 2005.［アンヌ・ヴァリション『色――世界の染料・顔料・画材　民族と色の文化史』河村真紀子／木村高子訳、マール社、2009年］
・Weller L., Livingston R. *Effect of Color Questionnaire on Emotional Responses*, 1988.
・*White House Commission on Complementary and Alternative Medicine Policy ... So Is the Peace*, in The Washington Post "Outlook", February 22, 2004.
・White Jan V. *Color for Impact*, Strathmoor Press, April 1997.
・Whitfield TW and Wiltshire TJ. *Color Psychology : A Critical Review*, Genetic, Social and General Psychology Monographs, 1990.
・Whorwell P. Journal BMC Medical Research Methodology, 2010.
・Wichmann Anne. *Attitudinal Intonation and the Inferential Process*, in SP-11-16, 2002.
・Wichmann Felix A, Max-Planck Institut. *The Contributions of Color to Recognition Memory for Natural Scenes*, für Biologische Kybernetik and Oxford University, 2002.
・Barbara K. Wise and James A. Wise. *The Human Factors of Color in Environmental Design: A Critical Review*, Nasa Contractor Report, 1988.
・Wittgenstein Ludwig Joseph, *Remarques sur les couleurs*.［ルードウィヒ・ウィトゲンシュタイン『色彩について』中村昇ほか訳、新書館、1997年］
・Wong Wucius. *Principles of Color Design*, 1987.

- Pryke Sarah R. *Is Red an Innate or Learned Signal of Aggression and Intimidation ?* Animal Behavior.
- Rajesh Bagchi and Amar Cheema. *The Effect of Red Background Color on Willingness-to-Pay : The Moderating Role of Selling Mechanism*. University of Virginia, 2010.
- Reid Kathryn J., Giovanni Santostasi, Kelly G. Baron, John Wilson, Joseph Kang, Phyllis C. Zee DOI : *Timing and Intensity of Light Correlate with Body Weight in Adults*, Journal.pone.0092251, 2014.
- Richardière Christian, *Harmonies des couleurs*, 1987.
- Melissa K. Rich, Thomas F. Cash. *The American image of beauty: Media representations of hair color for four decades*. Sex Roles, 1993.
- Bernard Roullet. *L'Influence de la couleur en marketing : vers une neuropsychologie du consommateur*, Thèse docteur de l'université de Rennes 1 mention « sciences de gestion », 2004.
- Saguez O. *Marques et Couleurs*, éd. du Mécène, 2007.
- Sakai, N. *The Effect of Visual Stimuli on Perception of Flavor*. Poster presented at ISOT, 2004.
- Secretariat of the Seoul International Color Expo, 2004.
- Devin Z. Shermer and Carmel A. Levitan. *Red Hot: The Crossmodal Effect of Color Intensity on Perceived Piquancy*. Multisensory Research, 2014.
- Schopenhauer Arthur. *Textes sur la vue et sur les couleurs*, trad. Maurice Elie.［ショーペンハウアー『ショーペンハウアー全集１（「視覚と色彩について」)』白水社、1974年］
- Masahiro Shibasaki, Nobuo Masataka. *The color red distorts time perception for men, but not for women*. Scientific Reports, 2014.
- Shun Yin Lam. *The Effects of Store Environment on Shopping Behaviors : a Critical Review Advances in Consumer Research*, Volume 28, p.190-197, University of Hong Kong, 2010.
- Singh S. *Impact of Color on Marketing*, Management Decision, Vol. 44, No. 6, p.783-789, 2006.
- Soldat AS, Sinclair RC. et Mark MM.. *Color as an Environmental Processing Cue : External Affective Cues Can Directly Affect Processing Strategy Without Affecting Mood*. Social Cognition, 15, 55–71, 1997.

Barkeley Unversity, 2013.
・Athanasopoulos Panos, Alison Wiggett, Benjamin Dering, Jan-Rouke Kuipers and Guillaume Thierry. *The Whorfian Mind Electrophysiological Evidence That Language Shapes Perception*, Communicative et Integrative Biology 2:4, 332-334, 2009.
・Pantin-Sohier Gaelle, Maître de conférence en Sciences de la Gestion, Université d'Angers. *Quand Le Marketing hausse le ton*, 2011.
・Michel Pastoureau. *Le Petit Livre des couleurs*, Points, 2005.［ミシェル・パストゥロー／ドミニク・シモネ『色をめぐる対話』松村恵理／松村剛訳、柊風舎、2007年］
・Michel Pastoureau. *Bleu*, Points, 2000.［ミシェル・パストゥロー『青の歴史』松村恵理／松村剛訳、筑摩書房、2005年］
・Michel Pastoureau. *Les Couleurs des souvenirs*, Le Seuil, 2010.
・Adam D. Pazda, Pavol Prokop, Andrew J. Elliot. *Red and Romantic Rivalry : Viewing Another Woman in Red Increases Perceptions of Sexual Receptivity, Derogation, and Intentions to Mate-Guard*. Personality and Social Psychology Review, 2014.
・Percy L. *Determining The Influence Of Color On A Product Cognitive Structure : A Multidimensional Scaling Application*, Advances in Consumer Research, vol. 1, p.218-227, 1974.
・Peterson RA. *Consumer Perceptions As A Function Of Product Color, Price And Nutrition Labeling*, Advances in Consumer Research, vol. 4, p.61-63, 1977.
・Piqueras Fiszman B. *More Than Meets the Mouth : Assessing the Impact of the Extrinsic Factors on the Multisensory Perception of Food Products*, Université polytechnique de Valence, 2012.
・Piqueras-Fiszman B, Spence C. *The Influence of the Color of the Cup on Consumers' Perception of a Hot Beverage*, Journal of Sensory Studies, 2012.
・Pollet T, Peperkorn L. *Fading Red ? No Evidence That Color of Trunks Influences Outcomes in the Ultimate Fighting Championship*, Frontiers in Psychology 10.3389/ fpsyg.2013.00643, 2013.
・Prabu Wardono, Haruo Hibino et Shinichi Koyama. *Effects of Restaurant Interior Elements on Social Dining Behavior Graduate School of Engineering*, Chiba University, Japan 2011.

- Jodi Manning. *The Sociology of Hair: Hair Symbolism Among College Students.* Social Sciences Journal, 2011.
- Matz DC and Hinsz VB. *Many Gentlemen Do Not Prefer Blonds : Perceptions of, and Preferences for, Women's Hair Color.* Paper presented at the 1st meeting of the Society for Personality and Social Psychology, Nashville, Tennessee, February 3-6, 2000.
- Linda Mayer and Prof R. Bhikha. *The Qualities Associated with Colours within the Tibb Perspective and its Relation to the Body and Emotions.* Tibb Institute, 2014.
- Mehta, Ravi and Juliet Zhu. *Blue or Red ? Exploring the Effect of Color on Cognitive Task Performances, Science*, 323, p.1226-29, 2009.
- Mengel-From J et al. *Genetic determinants of hair and eye colours in the Scottish and Danish populations.* BMC Genetics, 2009.
- Mollard-Desfour Annie. *Le Blanc*, CNRS Editions (préface Jean-Louis Etienne), 2008.
- Mollard-Desfour Annie. *Le Rouge*, CNRS Editions (préface Sonia Rykiel), 2009.
- Mollard-Desfour Annie. *Le Noir*, CNRS Editions (préface Pierre Soulages), 2010.
- Mollard-Desfour Annie. *Le Vert*, CNRS Editions (préface Patrick Blanc), 2012.
- Morrot Gil Brochet Frédéric, Dubourdieu Denis, *The Color of Odors*, Centre INRA de Montpellier, Faculté d'oenologie de l'Universite de Bordeaux Brain and Language 79, p.309–320, 2001.
- Morton, Jill L. *Color & Branding. Mobile Color Matters.* NWI Designs, 2012.
- Philip S. Nitse, Kevin R. Parker, Dennis Krumwiede and Thomas Ottaway. *The Impact of Color in the E-Commerce Marketing of Fashions : an Exploratory Study*, College of Business, Idaho State University, Pocatello, Idaho, USA, 2004.
- Misuzu Onuki, Dr. Yoshiko Taya, Chuck Lauer, Dr. Larry Bell, Dr. Marc Cohen. *The Role Of Space Casual Cloth From the View point Of Color Psychology*, Japan Women's Univ, 2003.
- Ott, J.N. *Health and light*, New York Simon et Schuster.
- ÖZTÜRK Elif. *An Experimental Study on Task Performance in Office Environment Applied with Achromatic and Chromatic Color Scheme,* Department of Interior Architecture and Environmental Design, FADA, Bilkent University, 06800 Ankara, Turkey 2010.
- Palmer S. Schloss K. *Bach to the Blues, Our Emotions Match Music to Colors,*

and photochromotherapy in the combined treatment of the patients presenting with astheno-depressive syndrome and neurotic disorders. Vopr Kurortol Fizioter Lech Fiz Kult. Jan-Feb;(1):3-6, 2012.

- Karel Kleisner, Lenka Priplatova, Peter Frost, Jaroslav Flegr. *Trustworthy-Looking Face Meets Brown Eyes*. PLOS One, 2013.
- Koza BJ, Cilmi A, Dolese M, Zellner DA. *Chem Sense. Color Enhances Orthonasal Olfactory Intensity and Reduces Retronasal Olfactory Intensity*. Oct;30(8):643-9. Epub 2005 Sep 1, 2005.
- Kwallek N, Soon K, Woodson H, Alexander JL. *Effect of Color Schemes and Environmental Sensitivity on Job Satisfaction and Perceived Performance*.
- Bruno Laeng, Ronny Mathisen, Jan-Are Johnsen. *Why do blue-eyed men prefer women with the same eye color ?* Behavioral Ecology and Sociobiology, 2006.
- Marie-Pier Lavoie. *Évaluation de la photosensibilité rétinienne dans le but d'élucider le dérèglement neurochimique à l'origine du trouble affectif saisonnier et les mécanismes biologiques de la luminothérapie*, Thèse Philosophiae Doctor (Ph.D.) Département d'ophtalmologie, faculté de médecine Université Laval Québec, 2007.
- Lemoine P, *Le Mystère du placebo*, Editions Odile Jacob, 1996.
- Carmel A. Levitan, Jiana Ren, Andy T. Woods, Sanne Boesveldt, Jason S. Chan, Kirsten J. McKenzie, Michael Dodson, Jai A. Levin, Christine X. R. Leong, Jasper J. F. van den Bosch. *Cross-Cultural Color-Odor Associations*, DOI: 10.1371/journal. pone.0101651 July 09, 2014.
- Lichtenfeld S. Maier M. Elliot J. Pekrun R. *The Semantic Red Effect : Processing the Word Red Undermines Intellectual Performance*, Journal of Experimental Social Psychology, 2009.
- Lichtenfeld S. Maier M. Elliot J. Pekrun R. *Fertile Green : Green Facilitates Creative Performance*, Personality and Social Psychology Bulletin 38(6) 784 –797, 2012.
- Liu C.Y., Liao C.J. et Liu S.H. *Theoretical Research on Color Indirect Effect*, Proceedings of SPIE, art. 2393, p.346-356, 1995.
- LoBue V. and DeLoache J. *Pretty in Pink : The Early Development of Gender-Stereotyped Colour Preferences*, British Journal of Developmental Psychology, 2011.
- Manlio Brusatin. *Histoire des couleurs*, Editions Flammarion, 1986.

- Nicolas Guéguen, Céline Jacob. *Coffee cup color and evaluation of a beverage's "warmth quality"*. Color Research & Application, 2012.
- Guyot S, Inra Rennes, *Rouge sang, jaune citron et vert anis : des couleurs à voir et à manger*, 2011.
- Hagemann N, Strauss B et Leissing J. *When the Referee Sees Red...* Psychological Science, 19(8), 769-71. doi:10.1111/j.1467-9280.2008.02155.x, 2008.
- Hamid PN, Newport AG.. *Effect of Color on Physical Strength and Mood in Children*, Journal of Perceptual and Motor Skills, 69, 179-185, 1989.
- Handwerk B. http://news.nationalgeographic.com/news/2009/03/090329-videogame-vision.html, 2009.
- Heller Eva. *Psychologie de la couleur*, édition Pyramid 2012.
- Hemphill M. *Colors-Emotion Association*, Journal of genetic psychology 157 : p.275-281, 1996.
- Hickethier Alfred, *Le Cube des couleurs*, 1985.
- Jacobs T. *For Men, Seeing Red Can Mean Paying More*, Pacific Standard, 2013.
- Johnson Virginia. *The Power of Color*, Successful Meetings, Vol 41, No. 7, pp.87, 90, June 1992.
- Ioannis Kareklas, Frederic F. Brunel, Robin Coulter. *Judgment is Not Color Blind: The Impact of Automatic Color Preference on Product and Advertising Preferences*. Journal of Consumer Psychology, 2014.
- Daniela Niesta Kayser, Andrew J. Elliot and Roger Feltman. *Red and romantic behavior in men viewing women*. European Journal of Social Psychology, 2010.
- Aaron S. Kesselheim, Alexander S. Misono, William H. Shrank,Jeremy A. Greene, Michael Doherty; Jerry Avorn, Niteesh K. Choudhry. *Variations in Pill Appearance of Antiepileptic Drugs and the Risk of Nonadherence*. Archives of Internal Medicine, 2013.
- Khan S A, Levine WJ, Dobson SD et Kralik JD. *Red Signals Dominance in Male Rhesus Macaques*, Psychological Science.doi:10.1177/0956797611415543, 2011.
- Kim J and JY Moon. *Designing Towards Emotional Usability in Customer Interfaces - Trustworthiness of Cyber-Banking System Interfaces*, Interacting with Computers, Vol. 10: 1-29, 1998.
- Kir'ianova W Baburin, IN; goncharova, VG; Veselovski, AB. *The use of phototherapy*

- Elia Gattia, Monica Bordegonia, Charles Spenceb. *Investigating the influence of colour, weight, and fragrance intensity on the perception of liquid bath soap: An experimental study*. Food Quality and Preference, 2014.
- Franz Gérald. *Space, Color, and Perceived Qualities of Indoor Environments*, Max Planck Institute for Biological Cybernetics, Tübingen, Germany, 2006.
- Gage John. *Couleur et Culture*, Editions Thames et Hudson, 2008.
- Goethe Johann Wolfgang von. *Traité des couleurs*, Introduction et notes de Rudolph Steiner, 1983.［J.W.V. ゲーテ『色彩論』木村直司訳、ちくま学芸文庫、2001年］
- Golden RN, Gaynes BN. *The Efficacy of Light Therapy in the Treatment of Mood Disorders : a Review and Meta-Analysis of the evidence*, Am J Psychiatry, 2005.
- Gorn GJ, Chattopadhyay A, Sengupta J and Tripathi S. *Waiting for the Web : How Screen Color Affects Time Perception*, Journal of Marketing Research, Vol. 41, No. 2: 215-225, 2004.
- Greenland SJ. *Cigarette brand variant portfolio strategy and the use of colour in a darkening market*. Epub, 2013.
- Greenless l, Leyland, A, Thelwell, R, and Filby W. *Soccer Penalty Takers' Uniform Colour and Pre-Penalty Kick Gaze Affect the Impressions Formed of Them by Opposing Goalkeepers*. Journal of Sports Sciences, vol 26, p.569, 2008.
- Grounauer Pierre-Alain http://www.somnogenvt.ch/
- Guardian 2014 : http://www.theguardian.com/technology/2014/feb/05/why-googleengineers-designers
- Guéguen N. *The Effect of Glass Color on the Evaluation of the Thirst-Quenching Quality of a Beverage*, Current Psychology Letters 11: 1-8, 2003.
- Guéguen N, Lamy L. *Hitchhiking Women's Hair Color. Perceptual and Motor Skills*, 109, p.941-948. (doi: 10.2466/pms.109.3.941- 948), 2009.
- Nicolas Guéguen. *Hair Color and Courtship : Blond Women Received More Courtship Solicitations and Redhead Men Received More Refusals*. National Academy of Psychology India, 2012.
- Guéguen, Nicolas. *Makeup and Menstrual Cycle: Near Ovulation, Women Use More Cosmetics*. Psychological Record, 2012.
- Guéguen N. *Color and Women Hitchhikers Attractiveness : Gentlemen Drivers Prefer Red Color*. Research et Application, n/a-n/a. doi:10.1002/col.20651, 2010.

Administration, 2014.

・François Delamare et Bernard Guineau. *Les Matériaux de la couleur*, Editions Gallimard, 1999.［フランソワ・ドラマール／ベルナール・ギノー『色彩――色材の文化史』〈「知の再発見」双書〉柏木博監修、創元社、2007年］

・Di Sabatino Roland. *Ces Couleurs qui nous guérissent*, 1991.

・Dias BG et Ressler KJ. *Parental olfactory experience influences behavior and neural structure in subsequent generations*, Nature Neuroscience, Emory University in Atlanta, Georgia, 2013.

・Doxey J, Hammond D. *Deadly in pink: the impact of cigarette packaging among young women*. Epub, 2011.

・Elliot AJ and Maier MA. *Color and Psychological Functioning*, University of Rochester USA and University of Munich, Germany Association of Psychological Science, 2007.

・Elliot AJ and Pazda AD. *Dressed for Sex : Red as a Female Sexual Signal in Humans*, PMCID : PMC3326027, 2012.

・Elliot AJ, Kayser DN, Greitemeyer T, Lichtenfeld S, Gramzow RH, Maier MA, Liu H. *Red, Rank, and Romance in Women Viewing Men*. J Exp Psychol Gen. 2010 Aug;139(3):399-417. doi: 10.1037/a0019689.

・Elliot AJ, Niesta D. *Romantic Red : Red Enhances Men's Attraction to Women*, Journal of Personality and Social Psychology, vol 95, p 1150, 2008.

・Embry David. *The Persuasive Properties of Color*, Marketing Communications, October 1984.

・Etnier JL, Hardy C. *The Effects of Environmental Color*, Journal of Sports Behavior, 20, p.299-312. Retrieved February, 2003.

・Eysenck HJ. *Critical and Experimental Study of Colour Preference*. American Journal of Psychology, 54 385-394, July 1941.

・Fehrman KR et Fehrman C. *Color : The Secret Influence* (2nd ed.). Upper Saddle River, NJ : Prentice Hall, 2004.

・Fernández-Vázquez Rocío, Louise Hewso, Ian Fisk, Dolores Hernanz Vila, Francisco Jose Heredia Mira, Isabel M Vicario, Joanne Hort. *Colour Influences Sensory Perception and Liking of Orange Juice*, Université de Séville, 2014.

・Fillacier Jacques. *La Pratique de la couleur dans l'environnement social*, 1986.

Attention, Publications of the Institute of Cognitive Science Volume 28, 2010.

- Boisnic S, Branchet M.C, Bénichou L. *Intérêt d'un nouveau traitement des vergetures par exposition à des sources lumineuses monochromatiques*, Journal de médecine esthétique et de chirurgie dermatologique, n° 151, 2006.
- Bourdin Dominique. *Le Langage secret des couleurs*, éd. Grancher, 2008.
- Boyatzis CJ et Varghese R. *Children's Emotional Associations with Colors*, Departement of child development, California State University, 1994.
- Amanda Brown, Sean Groark. *Influence of Product Label Design on Consumer Purchasing Preferences.* Label Blue, 2014.
- Brusatin et Manlio. *Histoire des couleurs*, 1986.
- Vanessa L. Buechner, Markus A. Maier, Stephanie Lichtenfeld, Andrew J. Elliot. *Emotion Expression and Color: Their Joint Influence on Perceived Attractiveness and Social Position.* Current Psychology, 2014.
- Burkitt E, Barrett M and Davis. *Children's Colour Choice for Completing drawings of Affectively*, 2003.
- Campbell SS, Murphy PJ. Science 279, 396, 1998.
- Cernovsky Zdenek. *Color preference and mmpi scores of alcohol and drug addicts* - St. thomas psychiatric hospital, Ontario, 1986.
- Chattopadhyay, Amitava, Gorn Gerald J, and Darke Peter. *Differences and Similarities in Hue Preference Between Chinese and Caucasians*, Sensory Marketing : Research on the Sensuality of Products, Ed. Aradhna Krishna. New York, NY: Routledge Academic, 219-40, 2010.
- Chebat Jean-Charles and Morrin Maureen. *Colors and Cultures : Exploring the Effects of Mall Decor on Consumer Perceptions*, Journal of Business Research, 60, 189–96, 2007.
- Christ R. *Review and Analysis of Color Coding Research for Visual Displays*, Human Factors, vol. 17 (6), p.542-570, Décembre 1975.
- Chrisment Alain. *Le Guide de la couleur : connaître et comprendre la colorimétrie.*
- Courage Mary L. *Infant attention and visual preferences*, University of central Lancashire Preston UK Journal development psychol vol 46 n° 4, 2010.
- Crowley Ann E. *The Two-Dimensional Impact of Color on Shopping*, Marketing Letters, 4 (1), 59-69, 1993.
- Dargahi, H.; Rajabnezhad, Z. *A review study of color therapy.* Journal of Health

出典・典拠資料

・Abramov I, Gordon J, Feldman O, Chavarga. A. *Biology of Sex Differences*, 2012 3:21 (4 September 2012).

・Adams Russel J, Courage Mary L. *Color Vision of Newborns*, 1998.

・Christian Agrapart. *Guide thérapeutique des couleurs*, 2008, Editions Dangles.

・Akcay, Sable, Dalgin. *The Importance of Color in Product Choice Among Young Hispanic, Caucasian, and African-American Groups in the USA*, Kutztown University of Pennsylvania, International Journal of Business and Social Science, Vol. 3 No. 6 (Special Issue - March), 2012.

・Elizabeth C. Allen, Sian L. Beilock, and Steven K. Shevell. *Working Memory Is Related to Perceptual Processing : A Case From Color Perception*, University of Chicago, 2011.

・Ampuero Olga, and Vila Natalia. *Consumer Perceptions of Product Packaging*, Journal of Consumer Marketing 23.2 100-12, 2006.

・Aslam, Mubeen M. *Are You Selling the Right Colour ? A Cross-cultural Review of Colour as a Marketing Cue*, Journal of Marketing Communications 12.1 (2006): 15-30. Web. 14 Oct. 2011.

・Michael M. Bannert, Andreas Bartels. *Decoding the Yellow of a Gray Banana*. Current Biology, 2013.

・Baughan-Young. *Today's Facility*, Manager Magazine, Mai 2002.

・Berlin P. Constance. *When Students Imagine Numbers In Color : Is There a Relationship Between Creativity and Mathematic Ability ?*, Harvard University, 1998.

・Beall A, Tracy J. *Women Are More Likely to Wear Red or Pink at Peak Fertility*, University of British Columbia, 2013.

・Bellizzi Joseph A and Hite Robert E. *Environmental Color, Consumer Feelings, and Purchase Likelihood*, Psychology and Marketing, 9 (5), 347-63, 1992.

・Bellizzi Joseph A, Crowley Ayn E, Hasti Ronald W. *The Effect of Color in Store Design*, vol 59, 1983.

・Torsten Betz. *Detailed Investigation of the Effects of Color on Human Overt*

訳者あとがき

「どうして空は青くて、雲は白いの？」こんな素朴な疑問に答えるところから始まって、本書は驚くほど豊かな色の世界に、読者をいざなってくれる。

色は、気づかぬうちに、我々の気分や行動に強い影響を与えている。本書では、カラーデザイナーである著者が、豊富な実例をもとにして、色の持つ不思議な力を解き明かす。

「緑色のジュースは酸味が強く感じられる」「刑務所の独房をピンク色に塗ると収監者が暴れなくなる」「サッカーの試合では黒いユニフォームを着ると反則をとられやすい」「ウェイトレスが赤い服を着ると、受け取るチップは二倍の額になる」……。挙げられた事例は、環境・気分・健康・食品・欲求・運動能力・創造力・集中力、とさまざまな分野にわたり、しかもそのすべてが学術的に裏付けされている。

「色の持つ力を知ることで、生活をよりよく変えることができる」と断言する著者は、とにかく色を使ってみることを勧める。色を選ぶにあたってのアドバイスは、本書を読めばいくらでも見つかるだろう。「コーヒーのこくを味わうには、白いカップに注ぐ」「試合で勝ちたいなら、ユニフォームを赤にする」「創造力を高めるには、パソコンの画面背景を青に設定する」……。とくに注目したいのは、「自分にとっての最高のカラリストは自分自身の直感」という著者の言葉だ。「だから迷わず試してほしい。使ってみて、自分に合わないと感じたならば、別の色にすればいいのだから」と語る著者は、画家ピカソの言葉を紹介している。「青がないなら、赤を使ってみよう！」と。こうした積極的かつ楽天的な姿勢が、読者の共感を得るだろう。さらに、「壁を赤く塗るのは大変だから、代わりに赤いクッションを置けばいい」「カーテンを緑色に替えるのが無理なら、緑の観葉植物を飾ろう」といった手軽さも好ましい。そして何よりも、ユーモアあふれる軽やかな語り口が本書の大きな魅力となっている。

ところで、読みやすくて面白い本書であるが、著者の意図は、個人の生活を豊かにすることだけではない。本書をぜひともビジネスにも役立てていただきたい。なにしろ著者ジャン゠ガブリエル・コースは、色をコンセプトとしたビジネスを確立するために、ブルーブレッツェル社を設立した人物である。ブルーブレッツェル社の広報はこう伝えている。

〈色の選択は、購買意欲や消費行動に大きな影響を与えます。わが社は何よりも、色の持つ影響力を重視し、カラーコンセプト・デザイン・パッケージ・デコレーション・ディスプレイ等において、色の可能性を最大限に引き出し、皆様方の会社を発展に導くお手伝いをいたします〉と。

ブルーブレッツェル社が、「人々が感動した色を再現し、そこから得られる感情をファッションに反映する」というコンセプトのもとに行なった試みの一つを紹介しよう。「モナリザの瞳の色」や「宇宙から見た地球の色」を専門家の協力を得て復元し、その色を用いた製品を製作・販売するというものだ。これはモード界で絶賛され、多くの著名人が〝ブルーブレッツェル・カラー〟を身にまとって登場する姿に、世界じゅうのジャーナリストたちが注目している。このブルーブレッツェル社の持つノウハウが、本書には余すところなく語られていると言ってよいだろう。

本書を読むと、製品やパッケージの色、それを販売する店舗の内装や外装の色が、我々消費者にどれだけ影響を与えているかがよくわかる。我々としては十分納得しつつも、これまで気がつかずにいたことが、そら恐ろしくさえ思えてしまう。もっとも著者によれば、このような「戦略」について、企業側はあまり公《おおやけ》にはしたがらないものらしい。消費者の心理を「操作」しているというイメージを嫌うからだというが、さもありなんと思われる。いずれにせよ、本書を読んだあとでは、日頃利用する店や、愛用している製品について、これまでとは別の観点から見るようになるはずだ。そして、新しく得た知識を、読者のそれぞれがプラスの方向に生かすことこそ、本書の願うところにちがいない。

ここで、著者について改めて述べておこう。ジャン＝ガブリエル・コースは、一九六九年、フランス南部の都市ロデズで生まれた。エコール・シュペリュール・ド・ピュブリシテで広告、コミュニケーション、マーケティングを学び、卒業後は、いくつもの大手広告代理店で広告クリエーターとして活躍する。有名ブランドのテレビコマーシャルや、雑誌の表紙・ポスターを数多く手がけ、フランス国内では、最優秀賞を含めて広告大賞を何度も受賞している。二〇〇七年に、カラーコンセプトを提唱するブループレッツェル社を設立。二〇〇九年から日本のオンワード樫山のクリエイティブ・ディレクターとして、色そのものの美しさとそこに潜むストーリーを伝えることで、新しい価値やライフスタイルの創造を提案している。また、日本のファッションメーカー十数社による東日本大震災の復興キャンペーンにも参加し、色を染めたTシャツを使って、愛を象徴するラファエルのキユーピッド像を制作した。二〇一四年に刊行された本書は、心理学・リラクゼーション・学習・記憶・創造・装飾・マーケティング・モード・性的欲望等、あらゆる分野に及ぼす色の力を語った一冊として大きな評判を呼んでいる。常に「色の持つ力の価値を見直すための活動」に精力的に取り組み、カラースペシャリストとしての講演にとびまわるかたわら、フランスの代表的インテリア誌の一つ『メゾン・フランセーズ・マガジン』でコラムを担当している。

「色が人々の夢の扉を開ける」と信じるジャン゠ガブリエル・コースは、愛する日本の人々に、もっと色を取り入れてほしいと考えている。本書の読者が色の力を理解し、その生かし方を学んでくれることが、彼の心からの願いであると伝えておきたい。

最後になったが、本書を翻訳する機会を与えてくださったCCCメディアハウス・書籍編集部の鶴田寛之氏、編集室カナールの片桐克博氏、そして中国語の疑問点についてご教示くださった菅梢子氏に心より感謝申し上げます。

二〇一六年三月

吉田良子

著者

ジャン＝ガブリエル・コース　Jean-Gabriel CAUSSE

1969年フランス南部の都市ロデズ生まれ。エコール・シュペリュール・ド・ピュブリシテで広告、コミュニケーション、マーケティングを学ぶ。卒業後、大手広告代理店で広告クリエーターとして活躍。有名ブランドのテレビCMや、雑誌の表紙・ポスターを数多く手がけ、最優秀賞を含め広告大賞を何度も受賞する。2007年、カラーコンセプトを提唱するブルーブレッツェル社を設立。2009年から日本のオンワード樫山のクリエイティブ・ディレクターとして、新しい価値やライフスタイルの創造を提案している。また、日本のファッションメーカー十数社による東日本大震災の復興キャンペーンにも参加。2014年に刊行された本書は、色の力を語った１冊として大きな評判を呼ぶ。

訳者

吉田良子（よしだ・よしこ）

1959年生まれ。早稲田大学第一文学部卒。仏文翻訳家。主な訳書に、Ｊ＝Ｐ・ドレージュ『シルクロード』（創元社）、パスカル・フォントノー『災いの天使』、ジスラン・タシュロー『悪党どもはぶち殺せ』（共に扶桑社）、フランソワ＝オリヴィエ・ルソー『年下のひと』（角川書店）、シャン・サ『女帝　わが名は則天武后』（草思社）、アレクサンドル・デュマ『ボルジア家風雲録』（イースト・プレス）ほか多数。

装　　丁：松田行正
編集協力：片桐克博（編集室カナール）

色《いろ》の力《ちから》

消《しょう》費《ひ》行動《こうどう》から性的欲求《せいてきよっきゅう》まで、人《ひと》を動《うご》かす色《いろ》の使《つか》い方《かた》

2016年6月5日　初版発行

著　　者――ジャン＝ガブリエル・コース
訳　　者――吉田良子
発 行 者――小林圭太
発 行 所――株式会社ＣＣＣメディアハウス
〒153-8541　東京都目黒区目黒1丁目24番12号
電話　販売03-5436-5721　編集03-5436-5735
http://books.cccmh.co.jp

印刷・製本――豊国印刷株式会社

ISBN978-4-484-16105-1